LUCA S. CRISTINI - GUGLIELMO AIMARETTI

L'ESERCITO DEL REGNO ITALICO 1805-14
VOL.1 LA FANTERIA

THE ITALIAN KINGDOMS' ARMY 1805-1814 . VOL. 1 THE INFANTRY

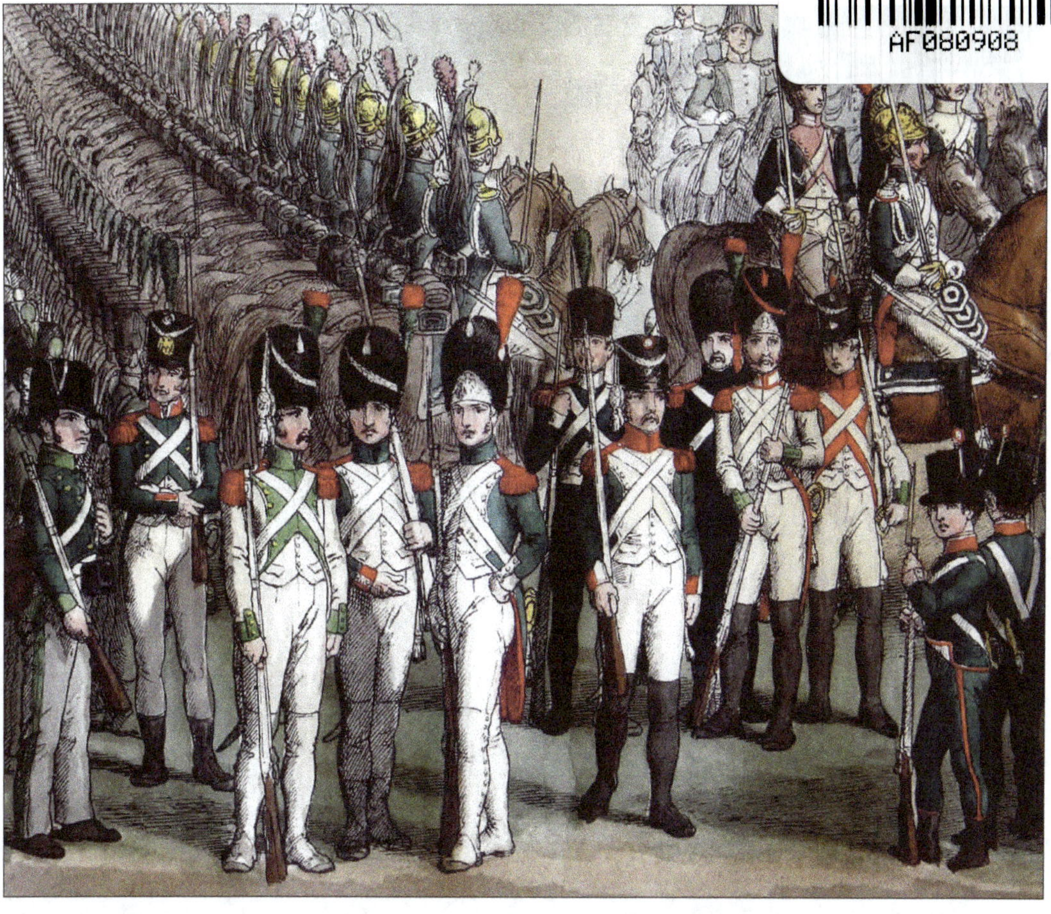

SOLDIERS&WEAPONS 007

AUTORI - AUTHORS:

Luca Stefano Cristini, bergamasco, appassionato da sempre di storia militare. Dirige da diversi anni riviste nazionali specializzate di carattere storico uniformologico. Ha collaborato con l'editore Albertelli e De Agostini. Ha pubblicato un importante lavoro, su due tomi, dedicato alla guerra dei 30 anni (1618-1648) e uno studio in tre volumi sull'esercito imperiale nell'età di Eugenio di Savoia, scritto con B.Mugnai. Ha firmato molto titoli delle collane Soldiershop. Questo è il suo terzo libro relativo alle uniformi Napoleoniche.

Guglielmo Aimaretti, Nato a Villafranca Piemonte, in provincia di Torino, vissuto a Torino fino al 1971 è stato docente di Discipline Artistiche ad Alba. Fin dalla giovinezza collezionista e cultore di documentazione storico-militare ha affiancato all'attività docente quella di illustratore nell'ambito uniformologico collaborando con l'editoria specializzata. Per gli editori EMI, Brotto oltre ad aver collaborato con numerose riviste specializzate. Molti suoi lavori sono in collezioni private in Italia e all'estero . E' membro fondatore dell'Associazione di Uniformologia e Figurinistica Militare "Cuneo 1744", membro de "La Sabretache" di Parigi e de "Le Bivouac" di Tolone.

NOTE EDITORIALI - PUBLISHING'S NOTE

Tutto il contenuto dei nostri libri, in qualsiasi forma prodotti (cartacei, elettronici o altro) sono copyright di Soldiershop.com. I diritti di traduzione, riproduzione, memorizzazione con qualsiasi mezzo, digitale, fotografico, fotocopie ecc. Sono riservati per tutti i Paesi. Nessuna delle immagini presenti nei nostri libri può essere riprodotta senza il permesso scritto di Soldiershop.com. L'Editore rimane a disposizione degli eventuali aventi diritto per tutte le fonti iconografiche dubbie o non identificate. I marchi Soldiershop Publishing ©, e i nomi delle nostre collane - Soldiers&Weapons, Battlefield e War in Colour sono di proprietà di Soldiershop.com; di conseguenza qualsiasi uso esterno non è consentito.

None of images or text of our book may be reproduced in any format without the expressed written permission of Soldiershop.com. The publisher remains to disposition of the possible having right for all the doubtful sources images or not identifies. Our trademark: Soldiershop Publishing ©, The names of our series: Soldiers&Weapons, Battlefield, War in colour, PaperSoldiers, Soldiershop e-book etc. are herein © by Soldiershop.com.

SOLDIERS&WEAPONS

La principale delle nostre collane di libri. Dedicata alla storia militare, alle uniformi e alle armi dei grandi eserciti del passato. Basata su testi di 68-80 pagine con diverse tavole a colori nelle pagine centrali e molte illustrazioni in b/n.

ISBN: 9788893272209   2nd edition: 2017 3a ristampa

Title: - **L'ESERCITO DEL REGNO ITALICO 1805-1814. VOL. 1 LA FANTERIA** (Soldiers&Weapons 007) di Luca Stefano Cristini. Illustrazioni a colori di Guglielmo Aimaretti.
Editor: Soldiershop publishing. Cover & Art Design: Luca S. Cristini. Le bandiere sono state disegnate da Luca Cristini. Franco Andreone ha curato le parti in inglese. Bozze corrette da F.Dettamanti.

Sul frontespizio : Soldati del Regno Italico in parata a Venezia
second cover: Soldiers in Italian Royal army service.

▶ Lira napoleonica, collezione privata.
Napoleonic lira, private collection.

INDICE - CONTENTS:

La nascita del Regno Italico .... Pag. 5
L'impegno militare dei soldati italiani - Il Regno Italico dopo Lipsia - Il ritorno dalla Russia
Il Regno italico solo contro tutti - La battaglia del Mincio - 8 febbraio 1814 -
La resa di Napoleone - Fine del Regno Italico.

L'esercito del Regno Italico .... Pag. 25
La Guardia reale - Le truppe di linea - La cavalleria - Artiglieria e genio - Marina reale
Il problema della Renitenza e della diserzione.

Uniformi della Fanteria .... Pag. 33
Organizzazione fanteria - Uniformi della fanteria della Guardia, Linea e Leggera

Le campagne militari .... Pag. 47
La campagne del Friuli del 1809 - La battaglia dei Camolli - Campagna del Friuli 1813

Note alle Tavole - Note on color Plates .... Pag. 61

Bibliografia .... Pag. 66

A nonna Felice

PREFAZIONE

In questi tempi si celebrano i centocinquant'anni dell'unità d'Italia, che si è realizzata, come noto, il 17 marzo 1861, al termine di quel lungo percorso storico noto col nome di Risorgimento che ebbe luogo fra gli anni 1821-1870.
Tuttavia un primo seme di italianità, e non solo nella denominazione, si ebbe con la creazione, nel 1805, del Regno Italico, stato che a sua volta derivava dalle Repubbliche Cisalpina, Cispadana e altre, fiorite in quegli anni a seguito della Rivoluzione francese.
Il bilancio storico del ventennio napoleonico in Italia registra gioie e dolori, fu un periodo complesso che tuttavia concorse grandemente all'affermazione dello stato di diritto. Tutto questo grazie all'affermazione degli ideali rivoluzionari e, di fatto, tramite la legislazione pubblica voluta da Napoleone. Quest'unione di fattori per prima instillò l'idea di una rinascita nazionale, partorita dall'unione di quel coacervo di regni e staterelli che allora componevano la penisola. Anche l'adozione del primo tricolore, avvenuta il 7 gennaio 1797, agli albori di quel periodo rivoluzionario, consacrò ancor di più questa idea primigenia di Italia così come oggi la conosciamo.
Il periodo napoleonico, in sostanza, diede vita all'Italia moderna, internazionalmente riconosciuta come tale per la prima volta dai tempi dell'Impero romano.
Questa serie di libri si occupa del decennio di vita del Regno Italico. Sono qui analizzate, descritte e illustrate le sue forze armate: dalla fanteria alla cavalleria, dall'artiglieria a tutti gli altri corpi armati dello stato; i soldati della Guardia reale, della linea, dei corpi volontari e altri. Studiato il costume militare del soldato italiano vestito a imitazione di quello francese, ma con alcune curiose varianti. In appendice ad ogni volume sono narrati anche i principali fatti d'arme che videro coinvolti gli antenati del moderno esercito italiano.
Dalle guerre in Spagna alla campagna di Russia, fino agli scontri sul fronte orientale del Regno, le cosiddette campagne del Friuli. Questa seconda edizione si presenta assai ampliata di una decina di pagine ed interamente a colori.

Luca Cristini

È tempo che anche l'Italia vada annoverata fra le nazioni libere e potenti. (Napoleone)

LA NASCITA DEL REGNO ITALICO
Napoleone diventa Imperatore e Re

▼ **Napoleone Bonaparte** con la splendida uniforme di Re d'Italia nel famoso quadro di A.Appiani.

Napoleon Bonaparte in the wonderful tunic of Italian king from the famous paint of A.Appiani

◄**Scontro fra truppe Franco-Italiane e austriache** nella pianura veneta. Litografia coeva.

Clash between the French-Italian and Austrian troops in the North Italian plain. Contemporary lithography.

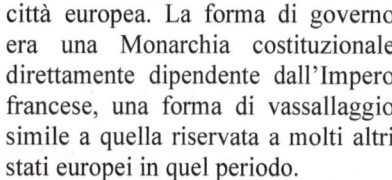

Il 18 marzo 1805, sulle ceneri della precedente Repubblica Italiana, fu creato il Regno d'Italia. Solo l'anno prima, in una solenne cerimonia tenutasi nella splendida cornice di *Notre Dame*, Napoleone Bonaparte si era fatto proclamare Imperatore dei francesi alla presenza di Papa Pio VII. Ora si auto-nominava Re d'Italia dando vita ufficialmente al Regno omonimo. L'incoronazione avvenne il 26 maggio 1805 nel Duomo di Milano.

Per la solenne cerimonia fu scelta addirittura la leggendaria corona ferrea dei sovrani longobardi che il generale corso, ripetendo il gesto di Parigi, personalmente si pose sul capo. In qualità di Viceré d'Italia fu nominato il fedele Eugéne de Beauharnais (figlio di prime nozze della moglie di Napoleone, Giuseppina), di cui il Bonaparte si fidava ciecamente e dal quale era sicuro di non dovere temere trame politiche personali.

Il Viceré Eugenio stabilì la propria residenza a Monza.

Come capitale del regno fu scelta Milano, già allora importante e industriosa città europea. La forma di governo era una Monarchia costituzionale direttamente dipendente dall'Impero francese, una forma di vassallaggio simile a quella riservata a molti altri stati europei in quel periodo.

Regni, principati o ducati, quasi tutti erano governati da parenti o affini dell'Imperatore. Geograficamente il Regno d'Italia muterà diverse volte nel corso del suo travagliato decennio di vita, principalmente a causa dell'instabilità delle sue frontiere.

Nel periodo di massima estensione giunse a comprendere tutte le regioni del nord est, Trentino compreso, buona parte dell'Emilia, la Romagna, le Marche, l'Istria e la Dalmazia e per finire la parte nord della Toscana (Massa, Carrara e la Garfagnana) che permise al Regno di avere uno sbocco anche sul mar Tirreno.

Nel 1806 questi ultimi territori furono ceduti al Principato di Lucca e Piombino, sul cui trono sedeva Elisa, sorella di Napoleone.

La successiva formazione delle province illiriche nel 1809 priverà poi il Regno degli antichi possedimenti di Venezia, vale a dire Trieste, Gorizia, Istria e Dalmazia (compresa la Repubblica di Ragusa). Il Regno è

giuridicamente suddiviso in 24 dipartimenti. Nel 1809 l'area occupata è di quasi 76.000 chilometri quadrati (circa un quarto dell' attuale dimensione italiana). I suoi abitanti, sempre nello stesso anno, risultano essere poco meno di sette milioni.

Nel complesso i lombardi e i veneti aderiscono con entusiasmo alla nascita di questo nuovo stato; meno convinte invece le popolazioni poste più a sud.

Nel 1806 i territori del Regno d'Italia furono suddivisi in sei Divisioni Territoriali Militari con comando a Milano, Brescia, Mantova, Ancona, Venezia e Bologna, mentre I 24 dipartimenti (provincie) erano I seguenti: Adda, capoluogo: Sondrio. Adige, capoluogo: Verona. Adriatico, capoluogo: Venezia. Agogna, capoluogo: Novara. Alto Adige , capoluogo: Trento. Alto Po, capoluogo: Cremona. Bacchiglione, capoluogo: Vicenza. Basso Po, capoluogo: Ferrara. Brenta, capoluogo: Padova. Crostolo, capoluogo: Reggio nell'Emilia. Lario, capoluogo: Como. Mella, capoluogo: Brescia. Metauro, capoluogo: Ancona. Mincio, capoluogo: Mantova. Musone, capoluogo: Macerata. Olona, capoluogo: Milano. Panaro, capoluogo: Modena. Passariano, capoluogo: Udine. Piave, capoluogo: Belluno. Reno, capoluogo: Bologna. Rubicone, capoluogo: Forlì. Serio, capoluogo: Bergamo. Tagliamento, capoluogo: Treviso. Tronto, capoluogo: Fermo.

▲ **La corona Ferrea dei re longobardi** usata da Napoleone per la propria incoronazione a re d'Italia.

The iron crown of the Lombard kings used by Napoleon during his coronation as king of Italy

▶ **Il vicerè Eugenio di Beauharnais in un bronzo di L.Manfredini conservato presso le civiche raccolte d'arte di Milano.**

A Bronze statue of the Viceroy Eugéne de Beauharnais by L. Manfredini preserved in the civic art collections in Milan.

▼**Mappa francese coeva del regno Italico.**

Contemporary French map of the Italian kingdom in 1812

L'IMPEGNO MILITARE DEI SOLDATI ITALIANI

Verso la fine del 1807 l'imperatore Napoleone pianifica l'invasione del Portogallo, reo di ospitare e aiutare l'odiato nemico inglese.
A tale scopo stanzia nella Spagna di suo fratello Giuseppe un esercito di oltre 100.000 uomini. Tra questi molti sono "italiani": toscani, piemontesi, liguri, ma soprattutto si tratta di contingenti del Regno d'Italia.

La guerra di Spagna rappresenta così il primo vero impegno militare del giovanissimo stato.

Esso costituirà anche un terreno fertile e un primo banco di prova per lo sviluppo e la diffusione degli ideali risorgimentali. Il conflitto durerà lunghi anni, dal 1807 al 1813, anno del definitivo ritiro dalla penisola iberica. Gli italiani combattono con eroismo a Mulins del Rey, Girona, Valls, Sagunto e Tarragona.

Nel 1812 ha invece inizio l'avventura russa: insieme alla *Grande Armée*, l'enorme esercito di 700.000 uomini messo insieme da Napoleone per dare una lezione allo Zar Alessandro, vi sono diverse decine di migliaia di soldati italiani.

Fra essi 30.000 rappresentano il contingente del Regno d'Italia, altri

25.000 sono il contributo napoletano. La qualità degli uomini della *Grande Armée* impegnata in Russia passava dall' *eccellente ed eccezionale* degli uomini della Guardia imperiale e dei veterani di linea, al *buono e discreto* dei soldati del Regno d'Italia e dei contingenti polacchi e svizzeri, al *sufficiente e scarso* di tutti gli altri: tedeschi, olandesi e le ultime reclute francesi. Molti dei soldati della *Grande Armée*, sopratutto austriaci e prussiani, erano lì controvoglia, pronti a tradire da un momento all'altro se i francesi fossero stati sconfitti duramente sul campo.

Gli italiani, per contro, rappresentavano invece i migliori alleati di Napoleone.

Ai primi di dicembre del 1812 Napoleone fu costretto a fare un rapido rientro in patria a seguito delle notizie di un tentativo di colpo di stato da parte di ufficiali filo-realisti.

Il comando di ciò che rimaneva dell'armata fu affidato a Gioacchino Murat, re di Napoli e cognato di Napoleone. Lo stesso Murat tuttavia, a sua volta preoccupato delle sorti del suo regno, partì per Napoli e lasciò il comando delle truppe ad Eugéne de Beauharnais, già comandante delle truppe italiane. Nelle settimane seguenti, il poco che rimaneva della *Grande Armée* si ridusse ulteriormente e il 14 dicembre 1812 i soldati francesi lasciarono definitivamente il territorio russo. Solo alcune decine di migliaia di soldati fecero ritorno da questa immane carneficina.

Le sole perdite di militari italiani ammontavano a circa 50.000 uomini. Il contingente italiano inviato in Russia, che faceva parte del IV° Corpo d'Armata al comando del viceré del Regno d'Italia Eugéne de Beauharnais, si distinse particolarmente nelle battaglie di Smolensk e di Borodino. L'impegno degli italiani nelle campagne napoleoniche fu spesso riconosciuto anche dagli avversari, oltre che dall'Imperatore in persona, nonostante il diffuso fenomeno dei renitenti e dei disertori che ebbe luogo nel corso di tutta la storia di tale esercito.

IL REGNO ITALICO DOPO LIPSIA

Il Regno d'Italia seguì in tutto le vicissitudini del suo potente alleato. Ma Napoleone, con la sconfitta di Lipsia, dopo la breve campagna di Francia andò incontro al primo rovescio e al primo esilio elbano.

Di conseguenza, rimasto senza il forte protettore, anche il Regno d'Italia cessò di esistere, ufficialmente il 6 aprile 1814. Uno sconfitto Napoleone si disse pronto ad abdicare, cosa che avvenne ufficialmente l'11 aprile. Il giorno 16 dello stesso mese il viceré Eugenio de Beauharnais stipulò a sua volta un armistizio con il feldmaresciallo austriaco Bellegarde, nonostante avesse conseguito una brillante vittoria sugli austriaci dello stesso Bellegarde nella battaglia del Mincio l'8 febbraio, con l'esercito del Regno d'Italia ancora al completo ed invitto. Anche per questi fatti Eugenio, in cuor suo, auspicava di poter rimanere sul trono di Milano anche dopo la disfatta napoleonica. Questo sogno regale venne però infranto dai disordini che scoppiarono proprio a Milano il 20 aprile, durante i quali alcuni facinorosi linciarono e uccisero il ministro delle finanze Giuseppe Prina. La popolazione plaudente convinse il Beauharnais di non avere più l'appoggio degli italiani.

La gente lo identificava infatti con i francesi ormai detestati e così il giorno 26 Eugenio abdicò e l'indomani lasciò l'Italia per raggiungere la Baviera presso i suoceri.

Aveva così fine il Regno napoleonico d'Italia, trasformato in provincia austriaca e poi nel Regno del

▲ **Stato maggiore del Regno Italico nel 1812. Tavola del Knotel.**
Major Staff of the Kingdom of Italy in 1812. Table of Knotel

▲ **Soldati di fanteria del Regno Italico nel 1812. Tavola del Knotel.**
Infantry soldiers of the Kingdom of Italy in 1812. Table of Knotel

◄ **L'entrata trionfale di Napoleone Bonaparte** a Milano. Stampa coeva.

The triumphant entry of Napoleon Bonaparte in Milan. Contemporary print.

▼ **Stemma ufficiale del regno Italico** nel periodo 1805-1814.

Coat of Arms of the Kingdom of Italy (1805-1814)

► **Scena di saccheggio a Mosca** da parte dei soldati della Grande Armée il 20 settembre 1812. Litografia di Adam.

Scene of the looting of Moscow by soldiers of the Grande Armée, September 20, 1812. Lithograph by Adam.

Lombardo-Veneto. Il congresso di Vienna fu tuttavia generoso con il Beauharnais, il quale, soprattutto grazie ai buoni uffici dello Zar di Russia, ottenne un cospicuo appannaggio nelle Marche (più di 2.000 tenute agricole e un centinaio di palazzi urbani che erano stati espropriati durante il periodo napoleonico allo Stato della Chiesa).

Ma andiamo per gradi, ricostruendo tutto il passaggio politico militare che portò alla fine del regno.

IL RITORNO DALLA RUSSIA

Tutto ebbe inizio con la disastrosa ritirata di Russia. Nel dicembre 1812 Napoleone rientrò in Francia con un esercito ridotto a poche decine di migliaia di unità, stremato e sconfortato. La diretta conseguenza di questa disfatta fu prima l'abdicazione e il successivo abbandono e voltafaccia delle nazioni che avevano accettato malvolentieri di marciare con i francesi, vale a dire Prussia, Austria e diversi stati minori.

Tutti questi in quel tardo 1813 passarono all'alleanza con Inghilterra e Russia, giusto in tempo per partecipare alla grande battaglia di Lipsia del 16 ottobre. Un Napoleone battuto e costretto alla difensiva permise fra le altre cose all'Austria di organizzare un'invasione "restauratrice" in Italia.

Il comandante austriaco, il feldmaresciallo Hiller, aveva tuttavia di fronte un esercito italiano determinato. Nonostante le grosse perdite subite nella ritirata di Russia, Eugenio di Beauharnais, riuscì a rimettere in piedi un'armata di quasi 50.000 uomini che andò a schierarsi sulla linea confinaria dell'Isonzo.

Tuttavia il lungo confine con l'impero austriaco permise ad un secondo esercito al comando del feldmaresciallo von Fenneberg, di entrare indisturbato in Alto Adige minacciando di aggirare l'armata italiana, che fu pertanto costretta a ripiegare sulla linea dell'Adige abbandonando la grande

regione ad est del fiume, dopo aver già perso la Dalmazia, Ragusa e l'Istria.
Questi ripiegamenti, complice una certa lentezza di manovra degli avversari, avevano consentito ad Eugenio di guadagnare altro tempo che gli permise di aumentare i rinforzi nelle sue fila.
Eugenio inoltre faceva affidamento sull'unico alleato utile e "parente" rimastogli sulla carta, vale a dire Gioacchino Murat con il suo esercito del Regno di Napoli. Murat aveva ovviamente gli stessi problemi di sopravvivenza ed aveva quindi tutta la convenienza a lottare insieme ai soldati italici. Soldati italiani che, fra le altre cose, avevano già dato buona prova del proprio valore militare proprio a Lipsia, dove, mentre i titolati soldati tedeschi defezionavano rapidamente, essi mantennero bene le posizioni, tenendo aperta l'unica via di fuga di Lindenau che permise di salvare l'armata imperiale dalla disfatta totale.
La prospettiva di unire l'armata italiana a quella di Napoli e di poter disporre di una forza d'urto di quasi 80.000 uomini, considerando le guarnigioni venutesi a liberare e quelle rimaste a presidiare zone strategiche, offriva a Napoleone la possibilità di una resistenza estremamente valida sul fronte italiano. C'è da considerare inoltre che i due fedeli sudditi vantavano, specialmente Murat, elevate se non ottime qualità militari.
Sul terreno la linea difensiva si basava sulle piazzeforti di Peschiera, Mantova e Legnago, in sostanza il famoso"quadrilatero" di risorgimentale memoria.
Oltre l'Adige, gli italiani presidiavano saldamente le fortezze di Palmanova, Osoppo e ovviamente Venezia dove era stanziata persino una flotta che poteva liberamente scorrazzare in un Adriatico privo di navi austriache. Questo stato di forza fu sufficiente ad intimorire l'armata austriaca d'Italia tanto da indurla a rimanere ferma sulle sue posizioni; tuttavia l'offensiva principale che aveva per teatro l'attacco alla Francia stava volgendo al meglio per le potenze alleate nemiche di Napoleone.
L'Austria non poteva rimanere a guardare, correva il rischio di dover negoziare condizioni di pace sfavorevoli se non avesse occupato l'Italia prima della resa finale di Napoleone.
Per prima cosa il consiglio aulico di Vienna decise di fare un cambio della guardia al vertice dell'armata. A metà dicembre fu esonerato l'inetto e inefficace feldmaresciallo Hiller, sostituito con il feldmaresciallo Bellegarde già presidente del consiglio aulico di guerra.
Però questo cambio di leadership da parte austriaca non cambiò i fattori in campo: le armi italiane erano sempre ben disposte e sufficientemente agguerrite, tanto da poter rintuzzare facilmente le puntate

offensive nemiche, mentre Vienna, impegnata ovviamente anche in Francia, non poteva dislocare altri uomini sull'Adige.

Quando la soluzione sembrava senza via d'uscita, entrò in gioco la diplomazia del governo austriaco che decise di "comprare" i due sovrani italiani fedelissimi di Napoleone. In buona sostanza l'Austria promise loro il mantenimento dei rispettivi troni: Murat a Napoli ed Eugenio a Milano. In cambio ovviamente chiedeva loro di passare armi e bagagli dalla parte degli alleati e tradire l'imperatore di Francia.

Il Beauharnais non se la sentì di tradire il suo mentore e patrigno, anche se a farlo propendere per una tale scelta di lealtà certamente influirono motivazioni più squisitamente politiche. Eugenio non si fidava completamente degli austriaci: consentendo loro il passaggio sul suo Regno, ciò lo avrebbe reso scoperto e indifeso. Inoltre al vertice della sua armata moltissimi erano gli ufficiali francesi, bonapartisti convinti. Lui stesso era francese, e l'idea di combattere contro la sua madrepatria gli appariva inaccettabile.

Per contro il re di Napoli, il "francese" Murat accettò, non senza dolorosi dubbi e mal di pancia,

l'offerta di Vienna. Sempre per analisi politico-strategica riteneva fosse assai sicura la promessa fattagli di rimanere sul trono di Napoli: i Borbone, restaurati in Spagna, stavano riottenendo la Francia, e l'Austria, una volta chiusa la parentesi napoleonica, non avrebbe certo agevolato il ritorno di un Borbone anche a Napoli. Murat, dunque, finì per sottoscrivere ed accettare le proposte austriache e, l'11 gennaio 1814, concluse un' alleanza segreta con l'Austria.

Fu una mossa azzardata, che dette ragione ai dubbi del Beauharnais. A fine guerra, durante il congresso di Vienna, Murat non fu nemmeno invitato, segno evidente che Vienna non intendeva mantenere fede alle sue promesse. Per il re di Napoli finì, come noto, con il proclama di Rimini e la successiva disfatta di Tolentino chiusa poi con la fucilazione di Murat.

Ma vediamo cosa successe. Il tradimento del re di Napoli cambiava le carte in tavola a favore degli austriaci. Nei giorni a venire quindi l'esercito napoletano si portò a nord, dove raggiunse la Toscana e l'Emilia per il pianificato ricongiungimento con i soldati dell'armata d'Italia.

A Bologna, però, Murat, vincolato dagli accordi segreti, annunciava pubblicamente la propria defezione e univa le proprie truppe a quelle sardo-austriaco guidate dal generale Nugent. Contemporaneamente cedeva Livorno alla marina inglese.

◄ **famoso** ritratto di Gioacchino Murat con cappello in qualità di re di Napoli. Tela di Desirè Descamps.

Portrait of Joachim Murat, King of Naples by Desirè Descamps.

▼ **Il viceré Eugenio Beauharnais** durante la campagna di Russia del 1812. Stampa francese coeva.

The Viceroy Eugéne Beauharnais during the Russian campaign of 1812. Contemporary French press.

IL REGNO ITALICO SOLO CONTRO TUTTI

La decisione murattiana non colse di sorpresa Napoleone, che già tempo prima, in scambi di lettere con funzionari del Regno d'Italia, manifestava grossi dubbi in merito alla fedeltà di suo cognato Gioacchino. Vista la mal parata, Napoleone ordinò ad Eugenio di raggiungerlo in Francia con tutta la sua armata ad eccezione di alcune guarnigioni. Ora, era il suo ragionamento, si trattava di difendere il sacro suolo della Francia.

Tuttavia il viceré questa volta si mostrò titubante, e a modo suo dilazionò la risposta a Napoleone prendendo tempo.

In Francia si sospettò che il Beauharnais, sia pure in ritardo fosse pronto a salire sul carro dei vincitori, tradendo a sua volta chi lo aveva reso grande. Cosa che invece non era possibile per le questioni dette sopra, in merito soprattutto alla composizione in gran parte franco-bonapartista della sua armata.

Senza contare che una lunga marcia fatta da 40.000 uomini, da mesi sottoposti alla tensione offensiva degli avversari, sarebbe stata certamente soggetta ad insormontabili difficoltà, e ben pochi uomini dell'armata d'Italia sarebbero riusciti a ricongiungersi con la *Grande Armée* che a sua volta si trovava in fase assai critica. Era molto meglio, Eugenio pensava, tenere le attuali forti posizioni che vincolavano il tenace avversario sul terreno.

Certo il tradimento di Murat costrinse l'esercito a rivedere la propria strategia. Per evitare di essere preso tra due fuochi ed aggirato, Eugenio fece un ulteriore ripiegamento del fronte andando a sistemarsi dietro al Mincio, rinunciando pertanto alla difesa di Verona che venne prontamente occupata dagli austriaci. Era ormai venuto il momento dello scontro tanto dilazionato.

Il feldmaresciallo Bellegarde, fanfare in testa, esce da Verona con la sua armata con il proposito di cercare battaglia.

Il consiglio aulico di Vienna premeva da tempo per questa offensiva.

Al nord le armate alleate stavano schiacciando ciò che rimaneva della *Grande Armée*.

Bisognava sconfiggere il viceré prima della resa di Parigi.

Ai primi di febbraio, con l'armata

austriaca che si andava posizionando, Bellegarde incontrò Murat a Bologna per stabilire insieme le modalità dell'offensiva. Tuttavia proprio da Murat giunsero ad Eugenio delle buone notizie: segretamente il re di Napoli assicurò il viceré d'Italia che non avrebbe permesso uno scontro fra i propri soldati e gli italiani, alleati ed amici fino al giorno prima. Vienna stessa ritenne di non fidarsi troppo del suo nuovo infido alleato e, per non correre rischi in battaglia, la questione rimase affare di Eugenio e di Bellegarde, con Murat fermo in Emilia a far da spettatore interessato.

LA BATTAGLIA DEL MINCIO 8 FEBBRAIO 1814

Venne quindi la giornata dell'8 febbraio, che diede vita ad una strana battaglia assai manovrata fra due eserciti che grosso modo si equivalevano. Circa 30.000 uomini per parte con una leggera superiorità italiana.
La prima mossa la fece il comandante austriaco Bellegarde, che, informato di un ulteriore ripiegamento di Eugenio sulla via di Cremona, decise di attraversare il Mincio a Valeggio e in diversi altri punti con varie colonne del suo esercito che si trovò così un po' frazionato nella delicata operazione di attraversamento del fiume.
Perseguiva in tal modo una tattica assai critica ed inusuale, giustificata solo dall'abile diplomazia di Murat che, a parole, nell'incontro di Bologna gli promise la massima collaborazione e che convinse il Bellegarde di non trovarsi davanti che sparuti manipoli di soldati nemici. Ma Eugenio, a sua volta rassicurato dal "doppio" Murat, teneva le posizioni, concentrando il suo esercito su una sola forte posizione centrale.
All'inizio questo fatto agevolò le puntate offensive delle varie colonne austriache, che, guadando qua e là il fiume, spesso si vennero a trovare di fronte pochi nemici. Tuttavia, la sorpresa per Bellegarde fu grande quando scoprì che nel centro aveva di fronte tutta l'armata italiana, la quale poteva inoltre contare sui rinforzi, potenzialmente mobili, delle forti guarnigioni sicure dentro Peschiera e Mantova, a nord e a sud del fronte principale. Il contrattacco italiano si sviluppò nel pomeriggio e di sera e continuò fino a tutte le prime ore del 9 febbraio.
Al termine di molte ore di aspri combattimenti, i franco-italiani vantarono vittoria. Questo era vero solo in parte. Sul fronte entrambe le armate lamentarono circa 4.000 uomini fra morti, feriti e prigionieri.

◄ **Parata dell'armata d'Italia** passata in rassegna dal Murat in Monza il 17-9-1801 da stampa Zanoli e Focosi.

Parade of the Italian Army reviewed by Murat in Monza on 17/09/1801. Zanoli and Focosi print.

▼ Il **feldmaresciallo conte Federico Bellegarde (1756-1845)** comandante austriaco in Italia alla testa del suo stato maggiore alla battaglia del Mincio del 1815. Tela di A.Adam

The general H.F. von Bellegarde and his staff officers at the battle of Mincio (1815) by Albrecht Adam

Inoltre nessuno dei due comandanti sostanzialmente raggiunse gli obiettivi prefissati alla vigilia della battaglia. Il viceré Eugenio non riuscì a ricacciare gli austriaci oltre l'Adige, mentre il maresciallo Bellegarde dovette abbandonare l'offensiva e attendere per un paio di mesi lo sviluppo dei fatti sugli altri fronti.

In conclusione si può dire comunque che ad uscire rafforzata fu la posizione del viceré che, in qualche fortuita maniera, al momento continuava a garantire a Napoleone l'Italia del nord.

Murat stesso tirò il fiato: tutto sommato questa situazione conveniva anche a lui. "Tenendo" i regni con la spada ancora saldamente sguainata, entrambi i sovrani italiani avevano la massima garanzia di mantenere lo status quo.

LA RESA DI NAPOLEONE

Purtroppo per loro, quel che doveva comunque accadere, accadde.
Fu così che il 31 marzo 1814 gli austro-prussiani occuparono Parigi, costringendo Napoleone alla propria abdicazione e alla firma del noto Trattato di Fontainebleau dell'11 aprile.

La parola, anche sul fronte italiano, passava quindi alla politica. Il senato milanese premeva per ricercare una via d'uscita battendo la via costituzionale, invitando Eugenio a richiedere ufficialmente la corona di titolare del Regno d'Italia. In base ai trattati di Fontainebleau, attraverso la stipula della convenzione di Schiarino-Rizzino (una

◀ **Francesco Melzi d'Eril (1753 -1816)** è stato il più importante politico italiano durante l'epoca napoleonica, vicepresidente della Repubblica Italiana dal 1802 alla trasformazione della stessa in Regno d'Italia ad opera di Napoleone.

Francesco Melzi d'Eril (1753 -1816) was the most important Italian politician during the Napoleonic era, vice president of the Italian Republic from 1802 just transforming into the Kingdom of Italy by Napoleon.

▶ Antica stampa di primo ottocento raffigurante alti dignitari e governatori di palazzo del Regno Italico.

Civilian and military governors of Italian Kingdom.

▼ Incisione ottocentesca del luogotenente **feldmaresciallo conte Federico Bellegarde (1756-1845)** comandante austriaco in Italia.

Nineteenth-century engraving of Lieutenant Field Marshal Count Federico Bellegarde (1756-1845) Austrian commander in Italy.

sorta di armistizio) firmata a Mantova, Eugenio accetta di rimpatriare in Francia i reparti francesi al suo servizio, mantenendo tuttavia il territorio italiano sotto la giurisdizione e il controllo delle sue rimanenti truppe italiche. In buona sostanza questa parte di territorio era costituito dalla sola Lombardia, mentre il resto del territorio che costituiva il vecchio regno Italico passò all'Austria. La situazione politica a Milano andò inevitabilmente riscaldandosi. I partiti si andarono ad orientare con una certa discrepanza. Principale fautore di tutte le manovre fu il ministro Melzi d'Eril, già vicepresidente della Repubblica Italiana. Le fazioni principali in cui il senato milanese si divise erano tre: quella degli italici puri, che volevano lottare per conservare una certa autonomia; quella dei murattiani propensi a scegliersi per l'appunto il nuovo sovrano, che già si era ingraziato Vienna (anche se parve subito evidente che erano molte scarse le chance che oltre a Napoli, al cognato di Napoleone venisse concesso anche il regno d'Italia sia pure in forma ridotta); infine vi era la crescente fazione austriacante, che sulla carta parve da subito la meglio messa, visto che vantava di avere il proprio esercito "alle porte". Il partito francese, guidato dal Melzi d'Eril e dal ministro Prina

Governator di Palazzo &c.

contava sull'intatta e forte presenza dell'esercito, fresco vincitore sul Mincio.

In quell'inizio di 1814 era difficile individuare quale di queste fazioni fosse prevalente, ma parve subito evidente che la più realistica fosse quella del partito di Vienna, complice uno scontento popolo che, soprattutto a Milano, nonostante la personale simpatia per il viceré, mostrava sempre maggiori segni d'insofferenza verso i francesi.

A peggiorare le cose per i filo-francesi furono anche tutta una serie di errori e di ingenuità nella conduzione delle trattative che finirono con l'accelerare la fine dell'esperienza napoleonica in Lombardia. Ne approfittarono i senatori filo-austriaci, capeggiati dal Confalonieri, che guidando una sorta di colpo di stato invase con la folla inferocita le indifese sale del senato.

Qui il Confalonieri dettò le nuove intenzioni della maggioranza avversa ai francesi, chiedendo in sostanza la rottura delle relazioni con Parigi. Si disse anche che, nella circostanza, lo stesso Confalonieri infierì sul famoso ritratto di Napoleone, opera dell'Appiani, deturpandolo e scaraventandolo poi da una finestra. Lo stesso senatore milanese tuttavia smentì sempre ogni suo coinvolgimento in tale ingiuria, anche se fu assodata la sua presenza alla "congiura" del senato. In tale confusione, chi ci rimise maggiormente fu il ministro delle finanze Prina che finì massacrato da un esagitato popolo milanese a san Fedele.

Gli eventi quindi scivolarono in fretta verso la logica conclusione.

In un collegio elettorale quasi deserto, una esigua minoranza che non raggiungeva il numero legale e che quindi non poteva deliberare alcunché, votò la costituzione di una Reggenza Provvisoria, nominò il generale Pino comandante in capo delle forze armate e sciolse i sudditi dal giuramento di fedeltà a Napoleone.

Il 21 aprile, infine, gli autori di questa sollevazione mandarono delegati al Bellegarde perché inviasse al più presto truppe ad occupare la città per sedare eventuali possibili disordini.

► **Consulta della Repubblica** e poi Regno d'Italia, quadro di N.Monsiau.

Senate room of the Repubblica and then the kingdom of Italy, paint by N. Monsiau.

◄ Decorazione e placca da dignitario dell'ordine reale della corona di ferro.

Decoration of great dignitaries of the Royal order of Iron crown.

DÉCORATION ET PLAQUE DE DIGNITAIRE DE L'ORDRE ROYAL DE LA COURONNE DE FER

FINE DEL REGNO ITALICO

Il viceré Eugenio si rese conto che tutte le sue ambizioni erano finite. L'indipendenza del Regno Italico finiva così, mestamente, con un buon esercito di 50.000 uomini in armi mai vinto dagli austriaci.

Il 21 aprile 1814 uno sconsolato viceré si rivolgeva al fido Melzi d'Eril con la seguente lettera: *"Non posso credere, non credo, che l'odio verso i francesi sia la vera causa dei disordini e delle sciagure che hanno avuto luogo. Io non ho con me che pochissimi francesi e tutti sono dei galantuomini veramente affezionati all'Italia ... Io non ho più ordini da dare."*

Il 23 dello stesso mese si ufficializza la fine del Regno. A Mantova è sanzionato un nuovo secondo armistizio, che è sostanzialmente una resa. Con esso si sancisce il passaggio di quello che fu l'esercito del regno Italico agli ordini del Bellegarde. Il 27 aprile Eugenio de Beauharnais lascia l'Italia per Monaco di Baviera.

Lo stato d'animo dell'esercito italiano appena arresosi era facilmente intuibile. Tali sentimenti furono confermati, giorni dopo, persino dallo stesso Bellegarde, il quale descrisse l'esercito italico ostinato nei suoi propositi, malcontento, disperato. Soldati amareggiati di essere stati condotti alla vittoria e, nello stesso tempo, alla resa.

Il 28 aprile 1814 una forte colonna di 17.000 soldati austriaci guidati dal generale Neipperg entrava in Milano da Porta Romana. A rendere loro gli onori militari erano i tre reggimenti a cavallo dei Cacciatori del Regno Italico, comandati dal Pino.

◀ **Le origini della Lira**

Il nome Lira deriva dal latino libra (libbra) che per i romani era una unità di peso pari a 327,45 grammi. Per molto tempo fu il suo "peso" ad essere preso in considerazione, infatti, la Lira non è esistita fisicamente come moneta, e la sua funzione era di semplice "unità di conto" dal quale ad esempio ricavare una certa quantità di monete. L'introduzione della "lira italiana" in qualità di unità monetaria risale invece al periodo napoleonico; essa venne adottata durante la seconda campagna d'Italia con la ricostituzione della Repubblica Cisalpina come Repubblica Italiana (gennaio 1802), divenuta poi Regno d'Italia nel 1805. Le prime emissioni regolari risalgono proprio al Regno e furono realizzate nel 1807 dalle zecche di Milano, Bologna e Venezia, con monete da 40,20,5,2 e 1 lira. La prima vera Lira Italiana (basata sul sistema decimale 100 centesimi = 1 Lira), fu coniata da Napoleone nel 1808. A sinistra un bell'esemplare di 5 lire con in effigie lo stemma del regno e sul rovescio la testa di Napoleone (vedi pagina 3).

◄ 1808 Granatieri della Guardia reale italiana fronte e retro. Stampa coeva

1808 Grenadiers of the Royal Italian Guard.

Nei giorni successivi si procedeva al licenziamento di tutti gli ultimi ufficiali francesi rimasti, subito sostituiti da equivalenti austriaci. I soldati semplici furono invece trasferiti verso nuove guarnigioni sparse nel vasto impero asburgico. Il generale Lechi raccontò più tardi che molti dei suoi fedeli granatieri della Guardia, prima di sciogliersi, bruciarono i propri stendardi, li distribuirono a pezzetti nella zuppa e li ingoiarono *"sembrandogli così di aver mantenuto il giuramento fatto... di non abbandonarli giammai"*. Infine affidarono le aquile allo stesso generale Lechi che le conservò nascoste per molti anni, per consegnarle più tardi, nel 1848, a Carlo Alberto re di Sardegna.

Nel frattempo il "traditore" generale Pino era ricompensato da Vienna con la nomina a tenente feldmaresciallo, fuori servizio, ma con i relativi emolumenti, cosa che gli permise di ritirarsi a vita agiata nella sua tenuta di Cernobbio.

Guardia Reale 1806-1810

1- Tamburo del battaglione Granatieri 1809
2- Ufficiale del battaglione Cacciatori 1807
3- Sottufficiale battaglione Cacciatori 1807
4- Capitano del battaglione Granatieri 1809
5- Granatiere 1806/7

Bandiera fanteria della Guardia verso

Guglielmo Aimaretti

TAVOLA A

Guardia Reale, Reggimento Veliti nel 1812

1- Carabiniere 2° battaglione
2- Ufficiale del 2° battaglione
3- Carabiniere 2° battaglione
4- Ufficiale 1° battaglione
5- Granatiere del 1° battaglione

Bandiera fanteria della Guardia retro

Guglielmo Aimaretti

TAVOLA B

1° reggimento Fanteria di Linea 1806-1807

1- Tamburo delle compagnie di centro 1807
2- Ufficiale compagnia Granatieri 1806
3- Zappatore 1807
4- Cornetta compagnia volteggiatori
5- Granatiere 1806/7

TAVOLA C

TAVOLA D

L'ESERCITO DEL REGNO ITALICO
UN'ARMATA DIVISA FRA ENTUSIASMO E RENITENZA

▼ **I° Battaglione dalmata 1806-1808** compagnia granatieri. Granatiere in gran tenuta, granatiere in piccola tenuta con shako (dal 1808) e soldato con cappotto e berretto da fatica.

Ist Dalmatian grenadier battalion: Grenadier in high dress, in campaign dress with shako and in fatigue dress with bonnet.

I nuovi re e sovrani creati dal Bonaparte, in particolare gli italiani, ma anche i polacchi, si adoperarono subito per formare un proprio esercito. Nel nascituro regno Italico ciò avvenne principalmente per soddisfare la vocazione militare di Eugéne de Beauharnais.

Qui fu tutto abbastanza facilitato poiché vigeva la coscrizione obbligatoria già dal 1802, vale a dire dai tempi della Repubblica Italiana. Lo stesso avvenne a Napoli, sotto la guida del bellicoso re Gioacchino Murat.

Scopo non troppo nascosto di questa voglia di eserciti "nazionali", era il desiderio di affrancarsi, pur rimanendo fedeli alleati, dal potente Impero francese, evitando quindi che nei propri regni sussistessero troppe guarnigioni di soldati francesi, già inviate allo scopo di mantenere il controllo del territorio. Per esempio, nel solo Regno di Napoli le truppe francesi nel 1806 ammontavano a 40.000 uomini circa. Nel Regno Italico poi, abbiamo visto come la "presenza" francese, sia pure assai ridotta negli ultimi tempi e presente sostanzialmente nella figura di diversi ufficiali superiori, fosse comunque causa di malumori che accelerarono la fine del Regno dopo Lipsia.

La creazione di questi eserciti nazionali ebbe come riflessi positivi il contenimento delle spese dovute al mantenimento delle truppe francesi e la tutela, almeno parziale, dell'autonomia dei nuovi regni. Per far ciò, anche in presenza di una forte renitenza alla leva, di cui parleremo diffusamente più avanti, si ricorse all'arruolamento coatto di carcerati e di disertori o renitenti alla leva provenienti da altri eserciti, o ancora di mercenari stranieri.

Come già rimarcato, il fattore grandemente positivo delle nascite di queste armate nazionali, soprattutto in Italia fu la formazione, sostanzialmente inedita, di

una coscienza italiana nei soldati che si trovavano a combattere insieme.
Per iniziativa del Ministro della Guerra il 17 luglio 1805, dopo la proclamazione del Regno d'Italia, le guardie d'Onore cittadine di formazione repubblicana furono sciolte allo scopo di ottenere le matricole necessarie alla formazione della nuova Guardia Reale Italiana. Gli altri reparti furono tutti ricostituiti e rinominati in ragione della nuova realtà. All'inizio del 1812 l'esercito del regno italico, era composto da circa 70.000 uomini.
Un esercito ben addestrato, con alle spalle già diverse campagne militari combattute in Europa sotto le armate napoleoniche. Il nuovo esercito italiano derivava da quello della Repubblica Italiana, Cisalpina e Cispadana.

LA GUARDIA REALE

Corpo di élite dell'esercito era la nuova Guardia Reale. Essa comprendeva fanteria, cavalleria e artiglieria, con la forza complessiva di quasi 7.000 uomini e 2.000 cavalli. La fanteria della Guardia era composta da tre reggimenti: il Reggimento Fanteria Reale, che nel 1812 cambierà il nome in Reggimento Granatieri; il Reggimento Coscritti, che diviene dal 1813 Reggimento Cacciatori; e infine il Reggimento Veliti. Anche la cavalleria era composta da tre reggimenti: Dragoni, Gendarmeria Scelta e Guardie d'Onore.
L'artiglieria invece era formata da due batterie di artiglieria a piedi, due batterie di artiglieria a cavallo e relativo treno d'artiglieria. In totale

▶ **Il generale Antonio Bonfanti** (1768-1851) generale di divisione. Milano museo civico del Risorgimento.

The General Antonio Bonfanti (1768-1851) Major-General of a Division. Milan Municipal Museum of the Risorgimento.

▼ **1812 Reggimento reale dalmata** da sinistra: carabiniere in piccola tenuta, volteggiatore in cappotto, ufficiale con bandiera, cannoniere reggimentale e soldato del treno reggimentale.

1812 Royal dalmatian regiment: from left: Soldier in low dress, voltigeur seated, officer with flag, artilleryman of the regiment, Train artillery of the regiment.

l'artiglieria della Guardia aveva in dotazione 32 pezzi.

La composizione dei reggimenti di fanteria della Guardia era la seguente: Reggimento Granatieri su due battaglioni, ognuno formato da cinque compagnie; Reggimento Cacciatori su quattro battaglioni di cinque compagnie; Reggimento Veliti su due battaglioni, il primo di granatieri e il secondo di carabinieri, entrambi di cinque compagnie. Il Reggimento Veliti era anche destinato a preparare gli ufficiali dell'intero esercito e per questa ragione lo stato del reggimento era piuttosto dinamico e si rinnovava continuamente.

LE TRUPPE DI LINEA

La fanteria era suddivisa in fanteria di linea e fanteria leggera.
La fanteria di linea era su sette reggimenti. Ogni reggimento aveva uno Stato Maggiore, composto da 150 uomini, quattro battaglioni attivi ed un quinto denominato "battaglione deposito". Ogni battaglione attivo era composto da sei compagnie, di cui quattro erano compagnie di fucilieri, una di granatieri e una di volteggiatori. Ogni compagnia era formata da 140 uomini circa. Il battaglione deposito era invece formato da quattro compagnie fucilieri. La forza totale stimata per ogni reggimento era quindi nominalmente di quasi 4000 soldati. Nell'ambito della specialità, i fucilieri rappresentavano la massa della fanteria, mentre i granatieri, scelti fra gli uomini più prestanti e forti, costituivano la truppa scelta del reggimento. I volteggiatori erano invece militari di bassa statura, agili e veloci, adatti a compiere scorrerie; armati alla leggera, venivano utilizzati generalmente in avamposti, davanti alle colonne della linea.

La fanteria leggera era invece composta da quattro reggimenti ufficiali e da altri corpi che, pur non essendo compresi nell'elenco della fanteria leggera, ugualmente ne facevano parte per armamento, organizzazione, uniforme e caratteristiche. I reggimenti di fanteria leggera erano organizzati allo stesso modo di quelli di linea, cambiava solo la denominazione delle specialità. I fucilieri della "leggera" erano chiamati cacciatori, i granatieri erano invece carabinieri, mentre i volteggiatori conservavano lo stesso nome in entrambe le specialità della fanteria.

Vi era poi un quinto reggimento leggero, denominato Reggimento di Fanteria Dalmata, con lo stesso organico degli altri quattro reggimenti leggeri. Il resto della fanteria era composto dai seguenti corpi:
1) reggimento coloniale, composto da militari che avevano servito nella regione italiana dell'isola d'Elba. Prese il nome coloniale a seguito dell'invio, nel 1800, di due suoi battaglioni in Catalogna;
2) reggimento Cacciatori Reali Bresciani, all'inizio denominato battaglione, ma dal 1807 definitivamente considerato un reggimento leggero su due battaglioni;
3) Fanteria Straniera assegnata al Reale Esercito Italico, comprendente il già citato Reggimento Dalmata (a sua volta derivato dalla fusione di due battaglioni e una legione dalmata), il Reggimento Polacco (fino al 4 agosto 1806) e il Battaglione Reale d'Istria;

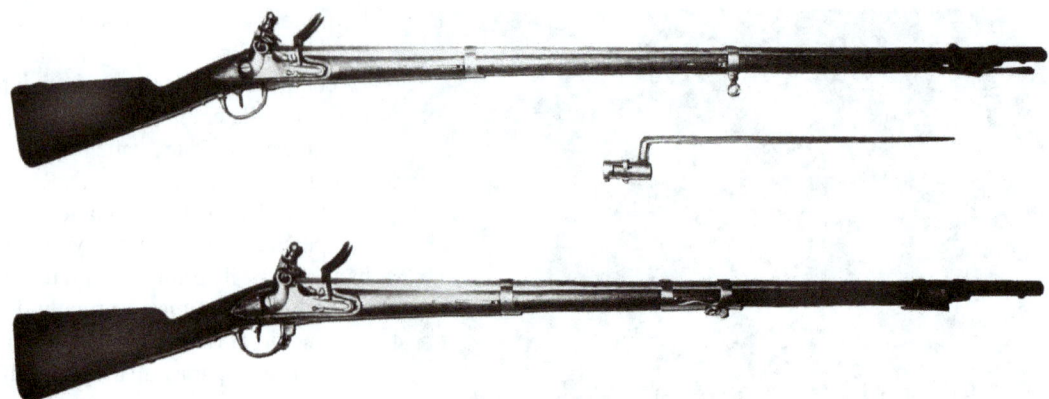

▲ **Fucili a pietra focaia** prodotti negli arsenali bresciani. Torino museo nazionale di Artiglieria.

Flintlock rifles produced in the arsenals of Brescia. Artillery National Museum of Turin.

4) due Reggimenti Volontari, un Battaglione Bersaglieri Volontari, un Reggimento di Guardia alla città di Venezia, un Battaglione di Guardia alla città di Milano e per finire ventidue Compagnie di Riserva Dipartimentali, una per ogni dipartimento in cui era suddiviso il regno con l'esclusione dei dipartimenti dell'Olona e dell'Adriatico. In questi ultimi due dipartimenti operavano i già citati Reggimenti di Guardia a Venezia e Milano;

5) Reggimento Invalidi e Veterani nato il 21 novembre 1811 dal precedente battaglione avente lo stesso nome, composto da due battaglioni su sei compagnie di Veterani Reali e da un Battaglione Invalidi su quattro compagnie. Questo reggimento era destinato a raccogliere tutti quei vecchi soldati non più abili al servizio attivo e al combattimento, destinati per questa ragione a semplici compiti di presidio o guarnigione.

6) Gendarmeria Reale divisa in tre legioni su ventiquattro compagnie complessive, compresa la Compagnia Deposito e quella di guardia all'arsenale di Venezia: in totale circa 2.000 uomini.

LA CAVALLERIA

La cavalleria era composta da sei reggimenti, di cui quattro di cavalleria leggera (cacciatori a cavallo) e due di cavalleria pesante (dragoni). Due dei reggimenti di cavalleria leggera erano denominati " Reale" e "Principe Reale". I due reggimenti di cavalleria pesante erano invece denominati "Regina" e "Napoleone". Ogni reggimento di cavalleria era composto dallo Stato Maggiore e da quattro squadroni, ognuno dei quali era organizzato su due compagnie.

▼ **Schizzo preparatorio del nuovo stendardo** per il secondo battaglione di fanteria nel 1805. Milano civico museo del Risorgimento.

Preparatory sketch of the new standard for the second battalion of infantry in 1805. Milan Civico Museo del Risorgimento.

ARTIGLIERIA E GENIO

L'artiglieria era costituita da un reggimento di Artiglieria a Piedi (su due battaglioni, entrambi composti da otto Compagnie Cannonieri, una Compagnia Operai e una Compagnia Pompieri o Artificieri) e da un Reggimento di Artiglieria a Cavallo su cinque compagnie.

Sulla carta, l'artiglieria di linea del Regno Italico avrebbe dovuto avere un nominale di circa 3.800 uomini e 280 cannoni. Tuttavia l'alto numero di guarnigioni e altre problematiche causarono sensibili riduzioni degli organici durante le campagne. Come fedele alleato della Francia, l'esercito del Regno Italico era equipaggiato con l'eccellente sistema

francese di artiglieria Gribeauval, anche se pare assodato che l'artiglieria italiana fosse dotata di molti pezzi austriaci catturati da sei libbre. Il treno d'artiglieria a sua volta era composto da due battaglioni, ognuno su sei compagnie, per una forza totale di circa 1500 uomini. Il treno era completato da altri due battaglioni dei trasporti militari, o treno d'equipaggio, anch'esso su dodici compagnie e infine vi erano sette compagnie di cannonieri guardacoste. Il genio aveva un battaglione composto da una Compagnia Minatori e cinque Compagnie Zappatori, per un totale di quasi 1000 uomini principalmente addetti ai lavori di fortificazione e alle opere d'assedio e campali in genere. Completavano gli organici dell'esercito gli addetti alla Scuola Militare di Pavia, alla Scuola per il Genio e l'Artiglieria di Modena e alla Scuola di Equitazione situata prima a Milano e poi a Lodi. Segnaliamo inoltre i reparti di sanità e infermieri militari, il corpo topografico e altri.

MARINA REALE

La piccola Marina del Regno Italico aveva sede a Venezia e disponeva di un limitato numero di legni sufficienti tuttavia a tenere sotto controllo lo specchio d'acqua dell'Adriatico. Essa era composta da uno Stato Maggiore, una Compagnia di Marinai della Guardia Reale, un Battaglione di Marinai e un Battaglione di Flottiglia istituito nel 1806 allo scopo di formare gli allievi della marina. Quest'ultimo aveva sede a Venezia e i suoi allievi erano circa 600.

IL PROBLEMA DELLA RENITENZA E DELLA DISERZIONE

"Questa larva di milizia, più mercenaria e nazionale era stata soldata d'uomini non per legge delitti né per età, ma ho disertori dei principati confinanti, o fuori usciti ai quali non restava che vendere il corpo e l'anima, o prigionieri alemanni dallo squallore convinti e dalla forza e dalla disperazione delle lontane case natie."

Questo è quanto scrisse il capitano Ugo Foscolo nella sua orazione a Bonaparte. Una fedele testimonianza del precario stato nel quale si trovava l'esercito italiano agli inizi dell'ottocento. Problemi ben noti a chi di essi si doveva occupare, come il generale Pietro Teulié che fu tra i primi a rendersi conto del fallimento dell'arruolamento volontario, sistema che comportava milizie spesso composte da sbandati o poveracci che nell'esercito vedevano principalmente, se non esclusivamente, il mezzo per poter mangiare e sopravvivere.
Dal 1802, più precisamente il 13 agosto, fu varata una legge che stabiliva la coscrizione obbligatoria. Essa riguardava tutti i maschi nazionali in età compresa fra i 20 e i 25 anni. Venne anche stabilita una linea di priorità nell'arruolamento che concedeva, ad esempio, maggiori garanzie a quelle persone che per vicissitudini familiari avrebbero avuto grossi problemi in caso di chiamata alle armi, come i figli unici di madre vedova o con genitori gravemente malati. Erano pure esentati i sacerdoti, i vedovi con prole e tutti coloro che si erano sposati prima di tale data.
Il numero dei soldati necessari all'armata variava di anno in anno e dipendeva a varie situazioni.
Ciò comportava un tipo di coscrizione piuttosto elastica. La leva militare era allora chiamata requisizione, termine che meglio specifica come di fatto avveniva la chiamata alle armi.
La durata del servizio militare era di quattro anni in tempo di pace, ovvero per tutta la durata del conflitto in tempo di guerra. Vi era poi un curioso sistema che permetteva alle famiglie più abbienti di evitare il servizio militare. La legge consentiva, infatti, di farsi sostituire da un individuo idoneo unitamente al pagamento di una tassa di esenzione proporzionale alla rendita del soggetto. Per le famiglie ricche era un gioco da ragazzi trovare volontari disposti a fare da supplenti ai loro pupilli.
Per contro, questo fatto significativamente aumentava le difficoltà delle classi più povere, già pesantemente soggette alla loro coscrizione che ben difficilmente potevano evitare in qualsiasi modo.
Il malcontento popolare iniziò pertanto a serpeggiare da subito e i responsabili dell'armata ebbero grosse difficoltà a reperire degli organici necessari. Si diffuse infatti il problema della renitenza alla leva

▲ **1806 fanteria di linea** da sinistra: ufficiale I° regg., Ufficiale in redingote, volteggiatore regg. Ausiliario e volteggiatore del 6° regg.

1806 the line infantry of the Italian Kingdom. From left two officers and two voltigeurs.

che per tutti gli anni della durata del regno italico condizionò pesantemente la reale capacità militare del nuovo Stato.
Renitenza che nel più chiaro linguaggio dell'epoca era chiamata refrattarietà. E refrattari erano molti giovani che vivevano nei dipartimenti vicini al confine: ogni volta che squadre militari erano inviate nei vari comuni per esigere i rispettivi contingenti, i giovani se la davano a gambe nei vicini stati esteri. A volte questo fenomeno comportava percentuali molto preoccupanti e, vista anche la pena mite che gli stessi rischiavano (tre mesi di carcere), erano molti coloro che osavano sfidare apertamente l'autorità costituita. A peggiorare le cose per il governo era l'assoluta mancanza, o scarsa disponibilità, di uomini da utilizzare per queste requisizioni. Si passò comunque alle maniere brusche sbarrando le porte delle città e procedendo a rastrellamenti casa per casa. Questi modi brutali alla fine ottennero ciò che si erano riproposti e, alla vigilia della nascita del regno, la formazione A metà del 1805 Napoleone stabilì alcune norme atte a recuperare, anche fra le famiglie nobili e ricche, uomini per il proprio esercito. L'istituzione di corpi d'élite, come le Guardie d'Onore e la Guardia Reale, senz'altro favorì questo avvicinamento. Numerosi infatti erano giovanotti sensibili al fascino del mito napoleonico, alle prospettive di una carriera brillante e avventurosa al servizio del più grande generale che la storia militare aveva fino ad allora mai fatto conoscere. La Guardia Reale, nei nove anni della sua esistenza, fornì complessivamente un contributo di 15.000 uomini. Inoltre

▶ **Il generale Teodoro Lechi (1778-1866)** fra i più eroici soldati del regno Italico. Ebbe il comando della Guardia reale durante la campagna di Russia. Ritratto di anonimo. Milano civico museo del Risorgimento.

The general Teodoro Lechi (1778-1866) the most heroic soldiers of the kingdom of Italy. He had the command of the Royal Guard during the invasion of Russia. Portrait by anonymous. Milan Civico Museo del Risorgimento.

la maggiore disponibilità di uomini armati, e più specificatamente di gendarmi, fece crollare o meglio contenere il fenomeno della renitenza.

Per contro aumentò notevolmente il fenomeno analogo, ma sostanzialmente diverso, della diserzione. In una nota inviata all'imperatore Napoleone verso la fine del 1810 si comunicava che negli ultimi quattro anni vi erano stati 40.000 soggetti fra disertori e renitenti alla leva.

Un numero talmente elevato che rendeva pressoché inutile il ricorrere a condanne particolarmente gravi quali erano quelle riservate a tutti costoro e le autorità finirono col non saper più che pesci pigliare, se aumentare la repressione o far finta di nulla.

Questi fenomeni infatti non cesseranno mai del tutto, anzi si fecero più acuti nei mesi finali di vita del regno. Molti renitenti, disertori, sbandati finirono nelle fila del brigantaggio, che fu uno dei motivi che mise a repentaglio la struttura politico-militare del regno stesso.

Tali annose questioni contribuirono anche ad un allontanamento da parte della popolazione dagli ideali rivoluzionari che avevano fatto tanta presa all'inizio dell'avventura napoleonica. La pena di morte finì col sostituire le iniziali miti condanne a chi si sottraeva ai propri obblighi militari, e le condanne capitali furono profuse in maniera massiccia.

Il governo, del resto, non aveva alternative. La propria autorità e la propria immagine rischiavano di essere oscurate da questo stato di fatto. Per strozzare in maniera definitiva il fenomeno, a partire dal giugno 1808 venne adottato il severo sistema francese che prevedeva, nei casi più gravi, la fucilazione (eseguita per un centinaio di casi) o la detenzione con la palla a piede fino a 10 anni (quasi 4.000 condanne !).

Quelli che abbiamo esposto furono i principali problemi, unitamente alle perdite dovute alle vicende belliche, che resero complessa la formazione di un esercito italiano numericamente consistente. Tuttavia, il 31 dicembre 1812, esso raggiunse il suo apice con 71.700 uomini contro un nominale previsto di 80.000.

Con la caduta di Napoleone e la conseguente fine del Regno Italico, finirono anche questi problemi.

E si concluse l'avventura di un esercito che comunque si era ben comportato su tutti teatri d'Europa e si era battuto con amore sino all'ultimo riuscendo a sconfiggere gli austriaci nell'ultima battaglia sul Mincio.

È stato calcolato che dalla fondazione dell'esercito italico, avvenuta nel 1797, circa 210.000 soldati fra coscritti e volontari ne abbiano fatto parte, oltre a numerosi volontari stranieri: polacchi dalmati ed istriani.

Alto fu pure il numero delle perdite, stimate complessivamente in 125.000 uomini.

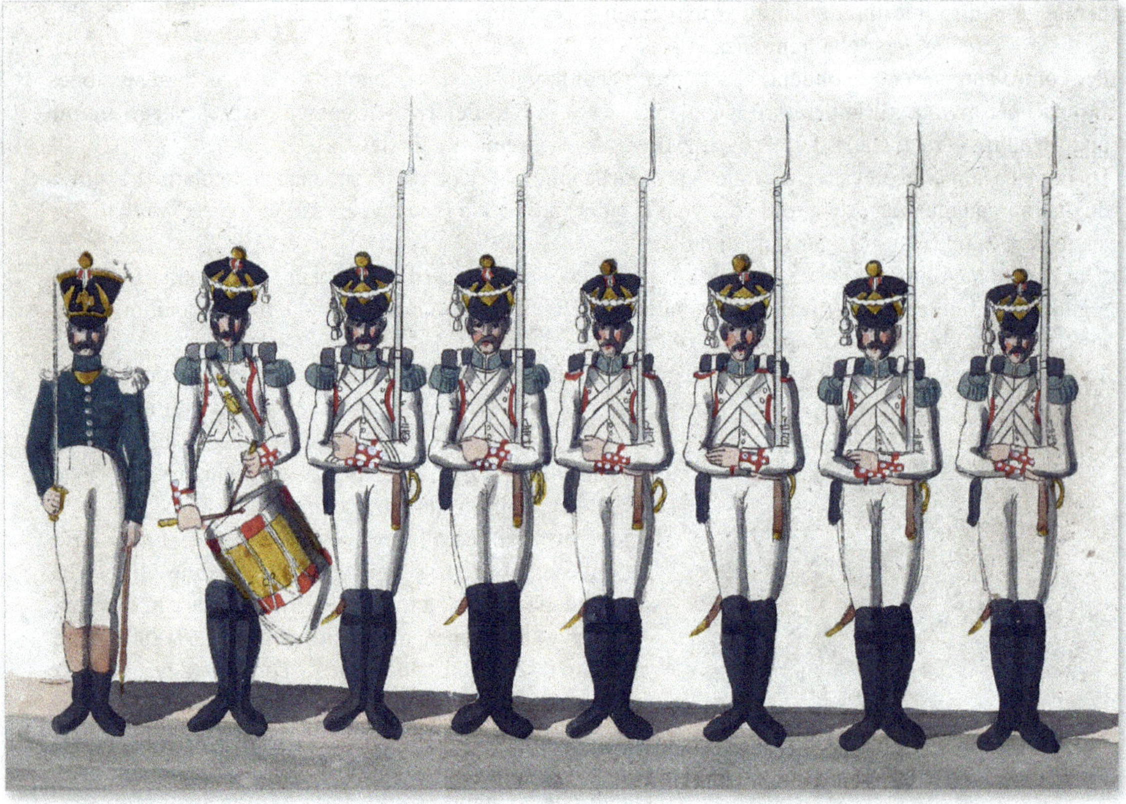

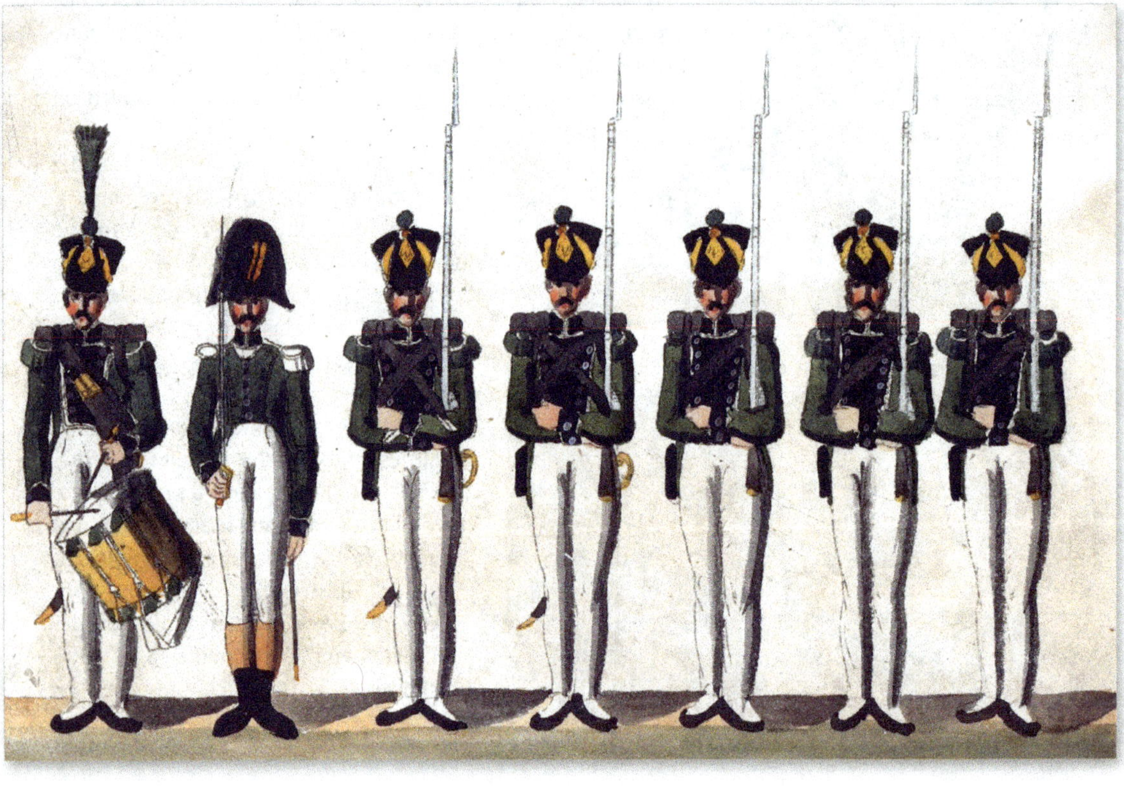

UNIFORMI DELLA FANTERIA

Nel 1812 la fanteria del regno contava sette reggimenti di linea e 4 leggeri oltre ad altri reggimenti e reparti di fanteria volontaria, dipartimentale, assegnata, straniera ecc... A livello di struttura e addestramento, i reparti italici naturalmente seguivano il modello francese. Il 5° Reggimento Leggero era chiamato Reggimento Leggero Dalmata, e pur non essendo formalmente inserito nell'elenco ufficiale, ne faceva comunque parte ed era sostanzialmente assimilato in quanto ad armamento, uniforme e organizzazione. La fanteria nel suo complesso annoverava, all'inizio del 1812, circa 50.000 uomini in armi. Sulla carta l'organico di un battaglione di 6 compagnie vantava un totale di 840 uomini (più il comandante e i suoi aiutanti estratti dallo stato maggiore reggimentale) e quindi un reggimento di 4 battaglioni avrebbe dovuto schierare circa 3400 uomini. In pratica, i reggimenti in campagna non presentarono mai questi numeri. Le perdite in battaglia, le malattie, la diserzione e altri fattori diminuivano sensibilmente il numero di soldati presenti alle armi. Ad esempio il 2° reggimento di linea nel luglio 1812 era composto da un totale di 2.776 uomini, mentre il 3° di linea nello stesso periodo ne vantava 3.126.

FANTERIA DELLA GUARDIA REALE
1° Reggimento di Fanteria (dal 1812 Reggimento Granatieri) (aprile 1805 - luglio 1814) - 2° Reggimento Coscritti (dal 1813 Reggimento Cacciatori) (aprile 1805 - luglio 1814) - 3° Reggimento Veliti (aprile 1805 - luglio 1814).

FANTERIA DI LINEA

I Regg. Iscritti a Ruolo Permanente (La Linea):

1° Reggimento di linea italiano (aprile 1805 - luglio 1814).
2° Reggimento di linea italiano (aprile 1805 - luglio 1814).
3° Reggimento di linea italiano (aprile 1805 - luglio 1814).
4° Reggimento di linea italiano (aprile 1805 - luglio 1814).
5° Reggimento di linea italiano (aprile 1805 - luglio 1814).
6° Reggimento di linea italiano (luglio 1806 - luglio 1814).
7° Reggimento di linea italiano (tratto da ex truppe pontificie delle Marche giugno 1808 - luglio 1814).

◀ **Fanteria di linea** *ufficiale e zappatore*
Line infantry officer and sapeur.

◀◀ **I° Reggimento fanteria di linea nel 1812**
1st Regiment of line infantry in 1812

◀◀ **Reggimento di fanteria leggera nel 1812**
Regiment of light infantry in 1812

I Reggimenti di Marcia (Provvisori di Linea)

Reggimento Ausiliario (1 giugno 1805 - 7 luglio 1806)
1° Reggimento provvisorio di stanza a Barcellona (26 novembre 1807 - settembre 1808)
Battaglione provvisorio di linea nella Grande Armée (1813).

Fanteria leggera e altri corpi truppe appiedate

1° Reggimento leggero italiano (aprile 1805 - 28 luglio 1814).
2° Reggimento leggero italiano (aprile 1805 - 28 luglio 1814).
3° Reggimento leggero italiano (8 luglio 1807 - 28 luglio 1814).
4° Reggimento leggero italiano (27 ottobre 1810 - 28 luglio 1814).

Truppe coloniali e Cacciatori a Piedi Italici
Reggimento Cacciatori Bresciani (8 luglio 1805 - 7 luglio 1807).
Battaglione Coloniale (Elba) (1° novembre 1810 - 31 gennaio 1813)
Reggimento Coloniale (Elba) (1° febbraio 1813 - 28 luglio 1814).

Fanteria Straniera Assegnata al Reale Esercito Italico
1° Reggimento polacco (3 maggio 1805 - 4 agosto 1806).
1° Battaglione Dalmata (1° gennaio 1806 - 1° marzo 1808).
2° Battaglione Dalmata (1° gennaio 1806 - 1° marzo 1808).
Legione Dalmata (30 giugno 1806 - 1° marzo 1808).
I tre corpi qui sopra diverranno il Reggimento Reale Dalmata a volte denominato anche 5° Reggimento leggero (1° marzo 1808 - ottobre 1814).
Battaglione Reale d'Istria (30 giugno 1806 - 30 novembre 1809).

Corpi Volontari , Guardie civiche e Compagnie Dipartimentali

Battaglione Bersaglieri Volontari (30 agosto - 30 settembre 1813).
Compagnia Franca Bersaglieri (8 gennaio - 28 luglio 1814).
1° Reggimento Volontari (11 novembre 1813 - 28 luglio 1814).
2° Reggimento Volontari (11 novembre 1813 - 28 luglio 1814).
Reggimento Guardia della città di Venezia (1810-28 luglio 1814).
Battaglione Guardia alla città di Milano (dicembre 1811-28 luglio 1814).

Compagnie di Riserva Dipartimentali
22 compagnie costituite nei Dipartimenti del Regno.

Reparti degli Invalidi e Veterani

Battaglione Veterani (23 luglio 1804 - 25 ottobre 1807).
Battaglione Invalidi e Veterani (25 ottobre 1807-21 novembre 1811).
Reggimento Invalidi e Veterani (21 novembre 1811 - 28 luglio 1814).

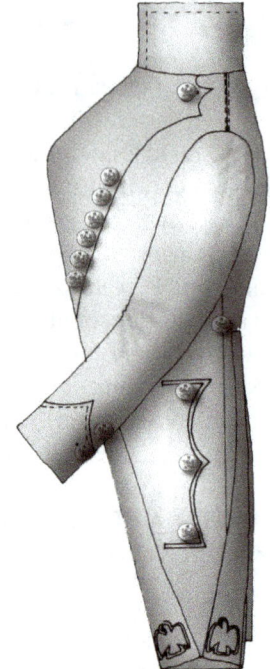

▲ **Abito per fanteria della Guardia** battaglione carabinieri. Disegno dell'autore.

Dress for the infantry of the Guard model for carabineer. Design of the author.

▶**Abito per fanteria di linea** modello per granatieri. Disegno dell'autore.

Dress for the infantry of the line model for grenadiers. Design of the author.

▼ **Bottone per abiti di fanteria** dei corpi del regno Italico. Disegno dell'autore.

Buttons for the infantry corps uniform of the kingdom of Italy.

LE UNIFORMI

LA FANTERIA DELLA GUARDIA

Il corpo d'élite dell'esercito italico era la Guardia e la sua fanteria su tre reggimenti aveva le uniformi più belle e rappresentative.

Il reggimento Cacciatori a Piedi vestiva una giacca di panno verde scuro con falde corte e risvolti al petto terminanti a punta. Colletto, paramani, risvolti e falde rossi filettati di bianco. Spalline a frangia di lana verde con tornante rosso. Negli angoli delle falde erano poste quattro aquile di colore bianco. Shakò regolamentare da fanteria con fregio recante un'aquila imperiale in metallo bianco. Pompon e piumetto, cordoni e fiocchi colore verde scuro. Calzoni bianchi e ghette nere corte sotto al ginocchio, pantaloni lunghi di tela in estate. La dragona del sabre-briquet era verde. Nel mezzo della giberna faceva bella mostra un'aquila in rilievo di metallo bianco. Il resto dell'uniforme e dell'equipaggiamento era simile a quello in uso dai volteggiatori della fanteria leggera.

Il più importante dei tre reggimenti era ovviamente quello dei Granatieri a Piedi (ex Fanteria della Guardia), abito dello stesso colore di quello in uso dai Cacciatori della Guardia, ma di foggia più lunga e con i risvolti quadrati al petto. Colletto verde filettato di bianco, polsini rossi filettati di bianco. Risvolti al petto e patte ai polsini bianchi. Risvolti delle falde e filettature alle tasche rossi. Spalline di lana rosse, sui risvolti quattro granate bianche. Ma il vanto di questi soldati era l'elegantissimo berrettone di pelo d'orso nero, con cordone, fiocchi e nappe bianche. Imperiale rosso con granata bianca centrale. Piumetto rosso e placca centrale con aquila a sbalzo in metallo bianco. In campagna anche i granatieri tuttavia utilizzarono lo shakò simile a quello dei cacciatori ma con pompon rosso. Il resto dell'uniforme e dell'equipaggiamento era simile a quello in uso dai granatieri di linea. Dragona del sabre-briquet di colore rosso.

Terzo e ultimo reggimento era quello dei Veliti, composto da due battaglioni. Il primo di granatieri e il secondo di carabinieri. L'abito-veste era bianco e lungo con colletto, risvolti al petto, polsini, risvolti alle

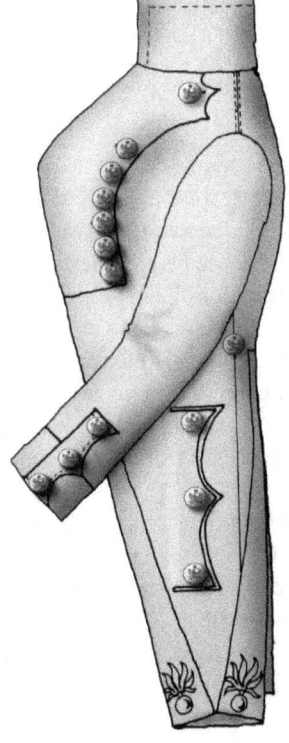

falde e filettature delle tasche color verde. I granatieri si evidenziarono per i risvolti e i polsini quadrati, le patte ai polsini verde erba e granate bianche alle falde posteriori, e spalline rosse a frangia. I carabinieri invece ebbero risvolti al petto e polsini a punta. Aquile bianche sulle falde posteriori e spalline verdi a frangia rossa. I Veliti avevano lo stesso berrettone di pelo nero del reggimento Granatieri della Guardia, cambiava il colore del pennacchio: rosso per il battaglione granatieri e verde con terminale rosso per i carabinieri. Bottoni in metallo bianco. Equipaggiamento e armamento come i Granatieri di Linea.

Uniformi fanteria di linea

Le uniformi dei reparti italiani cambiarono spesso durante gli anni dell'avventura napoleonica in Italia, tuttavia nella parte che ci riguarda, quella del periodo monarchico, le cose si stabilizzarono abbastanza. Osservatori e disegnatori del tempo, come il Forthoffer o il Lenhart, fornirono parecchie varianti nei loro disegni, spesso con errori lampanti. E' opportuno quindi fare riferimento al coevo *"Regolamento per le Rassegne"* dell'Aprile 1807. Da questo documento ufficiale si deduce che la fanteria di linea del Regno Italico ebbe in uso (fino al 1814) l'uniforme bianca, che anche la fanteria francese utilizzò, seppur per breve tempo, a causa della scarsità di indaco che la *boicottata* Inghilterra non forniva più. Approvata da Napoleone con una lettera del maggio 1805, l'uniforme degli italici consisteva nel bicorno nero con coccarda tricolore, giacca bianca lunga con mostre al colletto, ai polsini, alle patte dei polsini a tre punte (con tre bottoni) e ai risvolti dei colori distintivi rosso o verde. Panciotto e calzoni bianchi, ghette nere o bianche a seconda della tenuta e della stagione.

Il colore bianco fu adottato poiché, per espressa scelta imperiale, il blu era riservato alle truppe francesi. Diversi altri stati satelliti oltre al Regno Italico usarono il bianco: il Regno d'Olanda, quello di Napoli e quello di Westfalia.

Il copricapo era rappresentato dal bicorno che fu poi sostituito, con circolare del 17 febbraio 1808, dal più pratico e utile shakò nero di modello francese di forma tronco conica, alto oltre 20 cm, con rinforzi e visiera di cuoio lucido, recante sulla parte anteriore una placca d'ottone romboidale di 10 cm per lato con inciso il numero del reggimento sovrastato da una corona.

Lo shakò era arricchito da un pompon rosso per la Compagnia Granatieri (che in gran tenuta portava il berrettone di pelo), verde per la Compagnia Volteggiatori e bianco con sommità verde per le Compagnie Fucilieri.

Una nappina di metallo bianco posta sotto il pompon teneva ferma la coccarda tricolore che veniva perciò a trovarsi sopra il rombo metallico.

Non era previsto l'uso di cordoni e di nappe, ma stampe d'epoca le mostrano, almeno per granatieri e volteggiatori, di colore rispettivamente rosso e verde e probabilmente bianco per i fucilieri, quando presenti. In campagna lo shakò era ricoperto da una foderina impermeabile di tela cerata, in genere con il numero del reggimento dipinto in bianco. Lo shakò era tenuto fermo da due soggoli in metallo bianco a scaglie che venivano legati sotto il mento.

I granatieri in alta uniforme e gli zappatori ebbero in dotazione berrettoni di pelo nero con placca e cordoni. La giacca era, come già detto, bianca con colori distintivi rosso e verde variamente disposti così da formare i colori nazionali. I granatieri portavano sulla giacca spalline frangiate di lana rossa, i volteggiatori le portavano verdi, oppure verdi col profilo giallo, mentre i fucilieri avevano controspalline di panno bianco filettate di rosso o di verde. Le falde lunghe dell'abito a tasche lunghe erano ornate da granate, in genere rosse, per i granatieri, da cornette verdi per i volteggiatori e da stellette, cuoricini o numero del reggimento per i fucilieri. I risvolti al petto erano abbottonati da una serie di sei

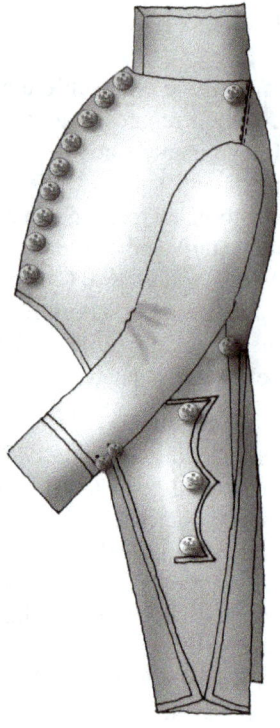

▲ **Abito per fanteria: Sourtout.**
Disegno dell'autore.

Dress for the infantry : the sourtout
Design of the author.

bottoni in peltro per lato più un settimo alle spalle. Sotto veniva indossato il gilet, o veste, sempre bianco, chiuso da una fila di nove bottoni in peltro. I calzoni, che giungevano poco sotto al ginocchio, venivano stretti da tre bottoncini coperti di panno e si portavano con le ghette, che erano bianche per le parate e per l'estate o nere per l'inverno. Esse erano sostituite d'estate e in campagna da più pratici pantaloni lunghi di tela bianca o naturale. Negli ultimi anni, poi, carenze di approvvigionamento e difficoltà belliche imposero l'uso di pantaloni realizzati con stoffe disponibili di vario colore. La stessa cosa valse per il cappotto, che secondo il regolamento del 1807 doveva esser grigio ferro con mostrine al collo di vari colori, e finì invece per esser portato, sempre per mancanze o necessità belliche, un po' di tutti i colori. Il cappotto era a doppio petto chiuso da due file di sette bottoni in peltro oppure ricoperti della stessa stoffa di colore grigio azzurro del cappotto. Granatieri e volteggiatori lo portavano con le stesse spalline che usavano per l'abito.

Quando non indossato, il cappotto veniva arrotolato e posto sopra lo zaino, trattenuto da tre corregge in cuoi bianco. Oltre allo shakò i soldati avevano in dotazione un berretto di foggia francese in panno bianco con filettature dei colori distintivi, portato in caserma, ma spesso anche nelle marce, e in campagna. Alla fine del 1810 fece la sua comparsa una Compagnia di Artiglieria Reggimentale in ogni reparto.

I soldati di questa compagnia vestivano un'uniforme (giacca, panciotto e calzoni) di color verde scuro con mostre e filettature rosse. Gli uomini addetti al treno d'artiglieria reggimentale vestivano pantaloni di pelle biancastra insieme ad alti stivali alla scudiere.

Bandiera fanteria Fanteria di Linea retro

Fanteria di Linea 1806-1812

1- Cornetta comp. Volteggiatori del 4° reggimento 1812
2- Ufficiale 2° reggimento 1812
3- Granatiere in alta uniforme del 3° reggimento 1812
4- Fuciliere del 2° reggimento 1808
5- Volteggiatore del 6° reggimento 1806.

TAVOLA E

Bandiera fanteria Fanteria di Leggera verso e retro

Fanteria Leggera 1806-1809

1- Tamburo maggiore del 1° regg. 1806
2- Zappatore del 1° regg. 1807
3- Capitano del 1° reggimento 1807
4- Carabiniere del 1° reggimento 1809
5- Cacciatore del 3° regg "Real Bresciano".

TAVOLA F

Artiglieria reggimentale e altri corpi 1811-1814

1- Cannoniere in campagna 1809
2- Cannoniere in grande tenuta 1811
3- Cacciatore dei "bersaglieri di Brescia" 1813-14
4- Granatiere del 1° reggimento volontari 1813
5- Soldato del treno art. Reggimentale 1811.

TAVOLA G

TAVOLA H

Sottufficiali e musicanti

La tenuta dei graduati di truppa e dei sottufficiali era uguale a quella del soldato semplice, distinguendosi solo per i galloni distintivi di grado, in lana o in argento, disposti trasversalmente sulle braccia. I tamburini e le cornette dei volteggiatori erano evidenziati da un gallone bianco e rosso posto al colletto e ai paramani. Gli zappatori vestivano con il berrettone di pelo senza placca metallica, cordoni e pennacchi rossi, imperiale rosso con croce bianca, e portavano il caratteristico grembiule di cuoio chiaro da macellaio, i guanti con prolunghe, l'ascia e la barba lunga insieme al distintivo di funzione, consistente in due asce incrociate sormontate da una piccola granata, portato sulle maniche in panno rosso o verde. I musicanti portavano come riconoscimento un sottile gallone d'argento sull'abito quando il loro colonnello non voleva o non poteva permettersi uniformi più sgargianti e fantasiose.

Ufficiali di fanteria

Gli ufficiali vestivano abiti della stessa foggia della truppa ma con panno di miglior qualità, con gli stivali di cuoio nero con i risvolti in pelle naturale, e si distinguevano, ovviamente, per l'armamento e per le spalline in tessuto d'argento che rappresentavano i distintivi di grado. In servizio portavano una gorgiera di metallo bianco che recava, di solito in ottone, una granata, una cornetta, il monogramma reale oppure il numero del reggimento. Anche i bottoni non erano in peltro, ma in argento. Il cappotto degli ufficiali era simile a quello della truppa ma con bottoni argentati e senza le manopole risvoltate. Il pompon dello shakò aveva alla base un supporto argentato. Maggiori e colonnelli vi infilavano un pennacchio di colore bianco. *Capo battaglione* e *aiutanti maggiori* avevano un pompon a forma di carota rovesciata di colore bianco. Fuori servizio e in campagna, gli ufficiali erano soliti indossare il *"surtout"* ad un petto, del colore dell'abito, senza risvolti. L'armamento era costituito dalla sciabola a lama diritta con elsa semplice in metallo giallo. Dragona in argento, che a volte in campagna veniva sostituita da una in cuoio bianco. Gli *alfieri,* oltre ai distintivi caratteristici, portavano una bandoliera rossa, con orli e finiture in argento, terminante con un bicchiere che serviva a contenere la base dello stendardo.

I *generali* portavano una ricca feluca piumata e ricche spalline d'argento, abito verde chiuso sul davanti con fodera bianca, collo e paramani rossi ornati di ricami, con il petto pure ornato da una fila di nove ricami orizzontali. Alla cinta una sciarpa bianca. Calzoni bianchi e stivaloni alla scudiera. La gualdrappa dei cavalli degli ufficiali era in panno verde scuro con galloni argentati secondo il grado. I due coprifonda avevano le stesse caratteristiche e gallonature della gualdrappa.

◄ **Vari copricapi** in uso nella fanteria italica: shakò, berrettone a pelo, bonetto da caserma. Disegno dell'autore.

Various headgear used by the Italian infantry: shakò, cap, sleeping, Bonette de police. Design of the author.

Colori distintivi dei reggimenti di linea

1° Reggimento Fanteria di Linea Colletto verde, filettature al petto, paramani, falde e controspalline verdi. Patte dei paramani a punta rosse, con tre bottoncini.
2° Reggimento Fanteria di Linea Risvolti al petto tutti rossi. Colletto bianco, filettature a collo, paramani, falde e controspalline rosse. Patte ai paramani verdi.
3° Reggimento Fanteria di Linea Colletto e patte ai paramani rossi. Risvolti al petto e paramani verdi. Filettatura a collo, controspalline e falde verdi.
4° Reggimento Fanteria di Linea Colletto rosso. Paramani e risvolti bianchi. Patte dei paramani verdi. Filettatura a risvolti, paramani e falde rossi.
5° Reggimento Fanteria di Linea Colletto e patte dei paramani verdi. Risvolti al petto e paramani rossi. Filettatura ai risvolti, paramani, falde e controspalline verdi.
6° Reggimento Fanteria di Linea Colletto e paramani bianchi. Risvolti al petto tutti verdi. Patte dei paramani rosse. Filettatura a collo, controspalline risvolti, paramani e falde rossi.
7° Reggimento Fanteria di Linea Colletto e risvolti al petto in rosso. Paramani e patte verdi. Filettatura, controspalline risvolti e falde in verde.

LA FANTERIA LEGGERA

L'uniforme dei quattro reggimenti di fanteria leggera comprendeva giacca e calzoni di panno verde scuro e panciotto giallo per il primo reggimento e verde scuro per gli altri tre. Il secondo reggimento fece eccezione, indossando un panciotto celeste fino al 1811. La giacca della fanteria leggera era di tipo più corto rispetto a quella della fanteria di linea, analogamente a quanto accadeva nella fanteria francese. Oltre alle falde più corte di colore

▲ **Cappotto per fanteria.** Disegno dell'autore.
Winter coat for the infantry. Design of the author.

▶ **Abito per fanteria leggera** modello per volteggiatori. Disegno dell'autore.
Dress for the light infantry model for voltigeurs. Design of the author.

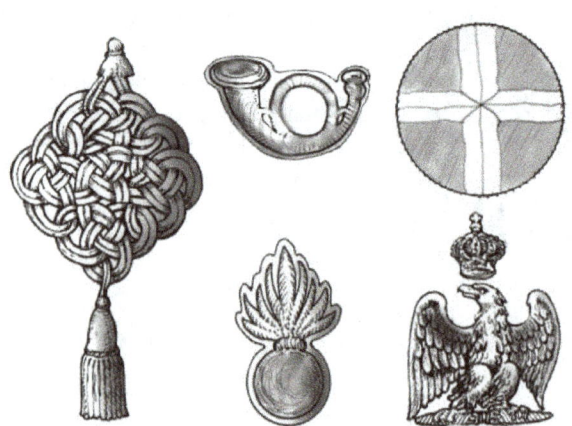

◀ **Fregi e particolari delle uniformi.** in alto a destra osservate l'imperiale del berrettone a pelo. Disegno dell'autore.
Decorations and particulars of the uniforms. observe in the upper right corner the imperial bearskin cap. Design of the author.

▶ **L'esercito del regno Italico in parata.**
The Italian Kingdom army in parade.

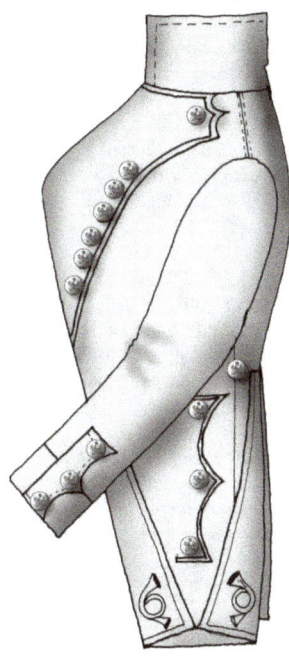

bianco, i risvolti del petto terminavano a punta verso il basso, le tasche di forma diversa e le pattine del paramani di forma rettangolare anziché a tre punte. Il colletto e le manopole erano interamente del colore distintivo, queste ultime senza filettature. I calzoni erano più aderenti e più lunghi di quelli della linea, mentre le ghette nere si arrestavano a metà polpaccio. Lo shakò era invece pressoché identico a quello della linea, distinguendosi soltanto per la cornetta sul rombo in luogo della granata entro la quale era iscritto il numero del reggimento. Le compagnie cacciatori indossarono sullo shakò anche cordoni e nappe bianchi e verdi. Le compagnie della fanteria leggera erano divise a loro volta in: cacciatori, carabinieri e volteggiatori, tenendo presente che cacciatori e carabinieri equivalevano a fucilieri e granatieri. I carabinieri portavano le spalline rosse e, in alta tenuta, il berrettone a pelo; i volteggiatori le spalline a frangia verdi; i cacciatori solo controspalline filettate. I bottoni erano di peltro e sulle falde della giacca era posto un cornetto da caccia per i cacciatori e i volteggiatori, e un cornetto e una granata per i carabinieri. Cappotto come quello della linea color grigio ferro.

Equipaggiamento della fanteria di linea e leggera

L'equipaggiamento in uso per la linea e la fanteria leggera era lo stesso, ed era di schietta derivazione francese. Esso comprendeva uno zaino di pelle di vitello, una giberna di cuoio nero con una capacità di 50 colpi, spesso adorna, anche se non previsto dal regolamento, di emblemi della specialità (granata, cornetta, ecc.) in ottone. In campagna poteva capitare che la giberna fosse ricoperta da una tela bianca per meglio conservarla. Due bandoliere incrociate di cuoio bianco, una per la giberna e l'altra per la baionetta o la daga. Quest'ultima, con circolare del 17 novembre 1807, rimase in uso solo ai granatieri, ai carabinieri, ai sottufficiali e ai tamburi. Il fucile modello anno IX era di produzione italiana, fabbricato in aziende bresciane. I fucilieri e i volteggiatori ebbero solo la bandoliera con la giberna, e la baionetta era infilata in una speciale correggia posta sulla stessa bandoliera sul fianco destro. Tuttavia i volteggiatori, contro regolamento, continuarono ad indossare anche il budriere della sciabola. In dotazione ovviamente anche il sacco tascapane in cuoio naturale, tenuto a tracolla con una cinghietta. La borraccia di vimini assicurata con un cordoncino. La daga era costituita dal classico sabre-briquet francese. Le truppe italiane purtroppo non disposero, se non in numero largamente insufficiente, di carabine rigate dette di Versailles mod. Anno XII destinate alle truppe leggere.

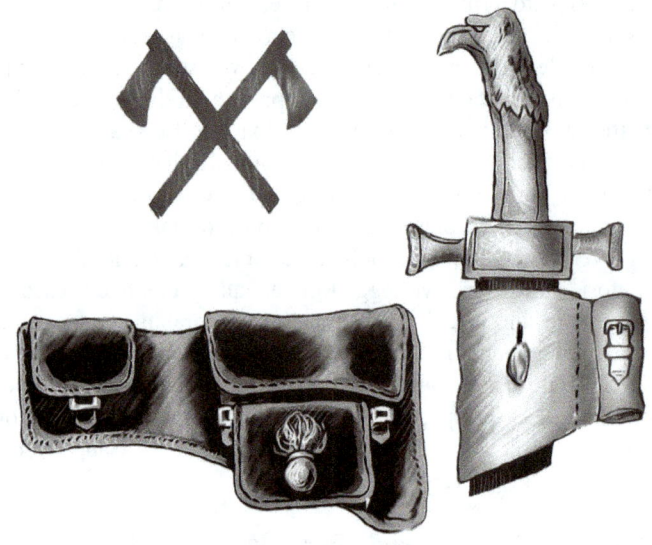

◄ **Particolari per uniforme da zapattore** : elsa della daga, asce da porsi sulle maniche e la particolare giberna porta ascia. Disegno dell'autore.

Details for sapper uniform: hilt of the dagger, axes placed on the sleeves and the particular cartridge pouch. Design of the author.

► **Sopra: stivali per ufficiali di fanteria** di linea a destra, a sinistra modello per fanteria leggera e volteggiatori. **A destra zaino da fanteria.** Disegno dell'autore.

Above: boots for officers of infantry of the line to the right, at left, a model for the light infantry and voltigeurs. On the right infantry knapsack. Design of the author.

Colori distintivi dei reggimenti leggeri

1° Reggimento Fanteria Leggera Colletto e paramani gialli. Patte verdi. Gilet giallo. Filettatura a controspalline, risvolti e falde gialli.
2° Reggimento Fanteria Leggera Colletto e paramani scarlatti. Patte verdi. Filettatura rossa a controspalline, risvolti e falde.
3° Reggimento Fanteria Leggera Colletto e paramani arancioni. Patte verdi. Filettatura arancione a controspalline, risvolti e falde.
4° Reggimento Fanteria Leggera Colletto e paramani cremisi. Patte verdi. Filettatura cremisi a controspalline, risvolti e falde.

Reggimenti e reparti Dalmati

Dopo la campagna del 1805-6 che dilatò i confini del Regno Italico fino alla Dalmazia, vennero arruolati, con reclute indigene, nuovi reggimenti di fanteria leggera fra i quali la Legione Reale Dalmata, trasformata poi in due battaglioni e successivamente nel Reggimento Leggero Dalmata.
Nella stessa regione venne arruolato anche il Battaglione Istriano che più tardi, nel 1811, fu sciolto e fatto confluire nel 3° leggero.
Per descrivere le loro uniformi, è interessante leggere il testo del decreto del 30 giugno 1806 che così citava: *"Abito corto verde, colle rivolte rosse alle falde alla parte davanti, bottonato da sopra alla cintura con nove grossi bottoni bianchi, foderato di scarlatto, paramani a punta scarlatti con tre bottoni, colletto dritto, scarlatto per carabinieri e cacciatori, giallo canario per volteggiatori, due spalline rosse per carabinieri, verdi per volteggiatori e spallini di panno per cacciatori. Sottoveste bianca con maniche e piccola patta. Pantaloni verdi stretti da una correggia all'ungherese e chiusi sopra il malleolo da tre bottoni.*
Calzatura " opanche " all'uso del paese. Cappello tondo di forma

► **Abito per battaglione bersaglieri volontari.** Disegno dell'autore.

Dress for the light volunteer infantry. Design of the author.

▼ **Il particolare copricapo di tipo "austriacante"** in uso presso diversi reparti leggeri dell'esercito. Disegno dell'autore.

Particulars of the headgear used in the Italian border unit as dalmatian and Istrian soldiers. Design of the author.

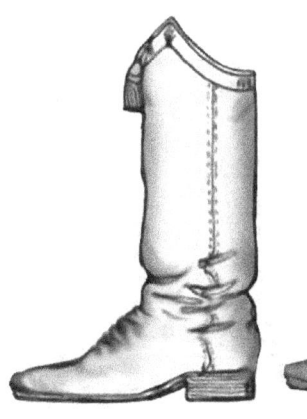 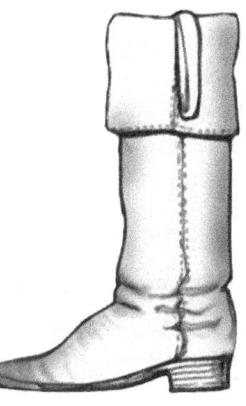 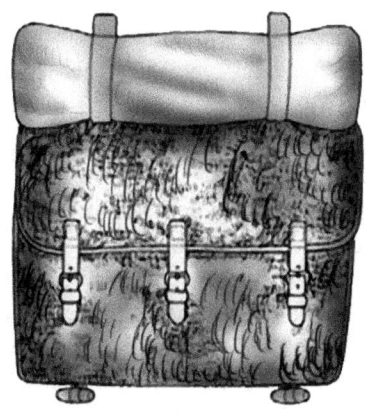

cilindrica, rilevato da asola a sinistra con pompon rosso per carabinieri, verde per cacciatori e giallo per volteggiatori". Mentre lo stesso decreto prescriveva per gli istriani *"Abito corto verde, bottonato avanti con sette bottoni, rivolte, colletto e paramani color turchino celeste. Sottoveste bianca, pantaloni grigio-ferro, mezzi stivaletti e scarpe, cappello tondo cilindrico come quello dei Dalmatini."* Un tipo di uniforme, quella descritta, in cui si faceva larga concessione ai costumi locali, soprattutto nell'uso di brache ungheresi e delle tipiche pantofole dalmate dette opanche. Altra caratteristica era data dal copricapo austriacante a falda rialzata, in uso dai kaiser jaeger, che venne sostituito nel 1809 dallo shakò regolamentare con pompon e cordoni, verdi per i volteggiatori istriani e gialli per quelli dalmati, mentre per i carabinieri e i cacciatori dei due reparti i cordoni erano rispettivamente rossi e bianchi, e i pompon rossi e bianco-verdi.
La placca romboidale dello shakò del Reggimento Leggero Dalmata recava le iniziali R.R.D. sotto la corona.

Battaglione Cacciatori d'Istria Giubba verde scuro senza risvolti, con abbottonatura centrale e piccole falde rialzate sul davanti. Calzoni grigio ferro e ghette nere sotto al ginocchio. Collo, faldine, paramani a punta celesti. Celeste la filettatura a controspalline. Spalline rosse a frangia per la compagnia granatieri. Veste o panciotto bianco. Nel 1806 era in uso il cappello cilindrico con alta falda rialzata a sinistra, ganza, coccarda e pompon a cono rosso. Dal 1809 viene poi adottato lo shakò regolamentare come tutta la fanteria.

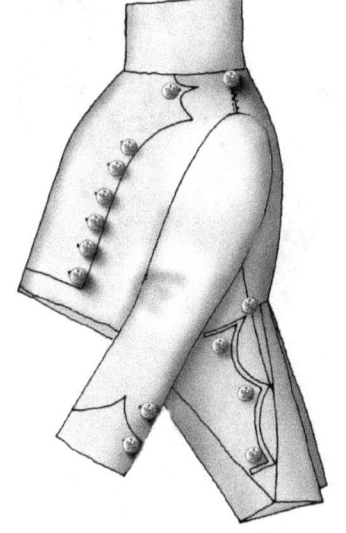

Reggimento Leggero Dalmata Giubba e calzoni interamente verde scuro, del modello in uso dai Cacciatori d'Istria ma con collo, faldine e paramani a punta rossi. Dal 1809 shakò con cordoni e pompon verdi, rossi e gialli per cacciatori, carabinieri e volteggiatori.

Altri reparti di fanteria

Il Reggimento Coloniale era un altro reparto di fanteria leggera. Derivato dal Battaglione Coloniale Elba esso era formato dai renitenti alla leva e dai disertori catturati e poi inviati sull'isola d'Elba, nelle caserme di Porto Longone. L'isola, allora appartenente alla Francia, era stata scelta per evitare che questi soldati tentassero nuovamente la fuga. La divisa del battaglione, composto esclusivamente da compagnie cacciatori, era simile nel taglio a quella dei reggimenti leggeri ma di

colore grigio, con colletto, paramani e filettature di colore verde.
Ultimo corpo leggero ad essere costituito fu, con decreto emanato a Villaco dal viceré in persona nel 1813, il Battaglione Bersaglieri Volontari Bresciani, così chiamato per la zona di reclutamento fra guardie forestali e cacciatori professionisti. L'uniforme dei Bersaglieri Bresciani, come nel caso dei dalmati, si ispirava abbastanza a quella dei "nemici" *Kaiser Jaeger* austriaci, sia nel colore della divisa, sia nella forma del copricapo.

Anche in questo caso abbiamo il decreto originale relativo all'uniforme che recita: " *Abito verde con risvolti del petto dello stesso colore, dello stesso taglio usato attualmente dalla fanteria francese. Filettature e colletto verde erba e controspallina a forma di trifoglio. Bottoni gialli. Pantaloni grigi. Mezze ghette in cuoio da portare sotto ai pantaloni. Buffetterie nere e giberna nera; invece dello zaino un tascapane o un sacco da caccia in pelle di vitello. Cappello rotondo con una falda rialzata con una ganza verde. I sottufficiali avranno la ganza verde e oro, e cioè i bordi verdi e parte centrale In oro. Cappotto grigio* ".

L'armamento era tipico dei cacciatori di professione con carabina e coltellaccio da caccia.

La forza del battaglione non superò mai le due compagnie. Gli ufficiali ebbero la stessa uniforme della truppa abbellita da spalline dorate e doppia banda verde ai calzoni con stivali in cuoio nero. Sciabola da ufficiale di fanteria con dragona dorata.

I battaglioni, poi reggimenti, Veterani e Invalidi e Guardia della Città di Venezia, con sede rispettivamente a Mantova e nella città lagunare, ebbero la divisa della fanteria in verde scuro ma con panciotto e calzoni bianchi. Shakò che recava sulla placca romboidale, al di sotto della coroncina, le lettere "R.V." seguite dal numero del battaglione, per i Veterani, e le lettere "G.D.V." per la Guardia di Venezia.

Anche le 22 Compagnie Dipartimentali di Riserva, vestivano la giacca verde e panciotto e calzoni bianchi. Erano state costituite il 10 febbraio 1811, una per ciascun dipartimento, ed erano destinate al mantenimento dell'ordine pubblico.

Erano equipaggiate come la fanteria di linea. Sul solito rombo dello shakò spiccava la lettera "R "e un pompon a fiamma con i tre colori italiani. Lo stesso pompon sovrastava lo shakò del battaglione della Guardia della Città di Milano, organizzato nel dicembre del 1812 nella capitale del Regno con compiti analoghi a quelli delle Compagnie Dipartimentali di Riserva (e difatti gli era stato assegnato il dipartimento dell'Olona). Questo battaglione aveva una giacca caratteristica color celeste, molto appariscente, con falde bianche e mostre rosse.

▲ **Due modelli di Ghette da fanteria.**
Two type of infantry leggings.

► **Granatieri e veliti (sotto) della guardia reale italiana nel 1812**
Italian Guard infantry. Grenadier and velites (below) in 1812.

▼ **Giberna e sabre-briquet da fanteria**
Disegno dell'autore.
Cartridge pouch and sabre-briquet of infantry. Design of the author.

47

▲ **Reggimento Real dalmata nel 1812**
Dalmatian line regiment in 1812

◀ **Fanteria di linea italiana dalle tavole di Lienhart & Humbert**
Italian infantry from a plate of Lienhart & Humbert

▶ **Mappa seicentesca della fortezza di Palmanova in Friuli**
An old map of the Venetian fortress of Palmanova in Friuli on the east of Italian Reign.

LE CAMPAGNE MILITARI
IN FRIULI DEL 1809-1813

L'esercito del Regno Italico, in qualità di fedele alleato, partecipò a tutte le maggiori campagne militari volute da Napoleone. Certamente l'impegno maggiore e più noto fu quello profuso in terra di Spagna in diversi lunghi anni. Anche l'avventura russa del 1812 mise a dura prova il contingente italiano, che si ricopri di gloria durante tutta l'avanzata, ma che, come buona parte dell'armata napoleonica, venne decimato dal quel disastro militare. La terribile ritirata riportò a casa solo una piccola parte dei soldati che erano partiti baldanzosi alla volta di Mosca. Notevole fu anche l'impegno nelle varie campagne di Germania. I fatti militari sopra elencati verranno da noi trattati nei prossimi volumi della serie dedicata alla storia dell'esercito del Regno Italico. In questo primo volume ci occuperemo invece delle guerre di "casa", vale a dire quelle combattute sul territorio del Regno in fase difensiva (già abbiamo descritto brevemente la campagna finale che condusse alla fine del Regno e alla vittoriosa battaglia del Mincio).

Ma veniamo agli avvenimenti che riguardano il Friuli.

All'atto della sua fondazione, il Regno d'Italia non è ancora completo entro i suoi confini. L'operazione sarà completata solo con la campagna del 1805. Com'è noto, il Veneto e il Friuli, già sotto la sovranità veneta, con il trattato di Campoformio erano stati assegnati all'Austria, che tuttavia nel 1805 partecipa alla nuova coalizione anti napoleonica.

L'esercito austriaco, al comando dell'arciduca Giovanni, scende rapidamente nella pianura dirigendosi verso Padova e Verona. Napoleone incarica il suo vecchio compagno d'arme Andrea Massena di contrastare

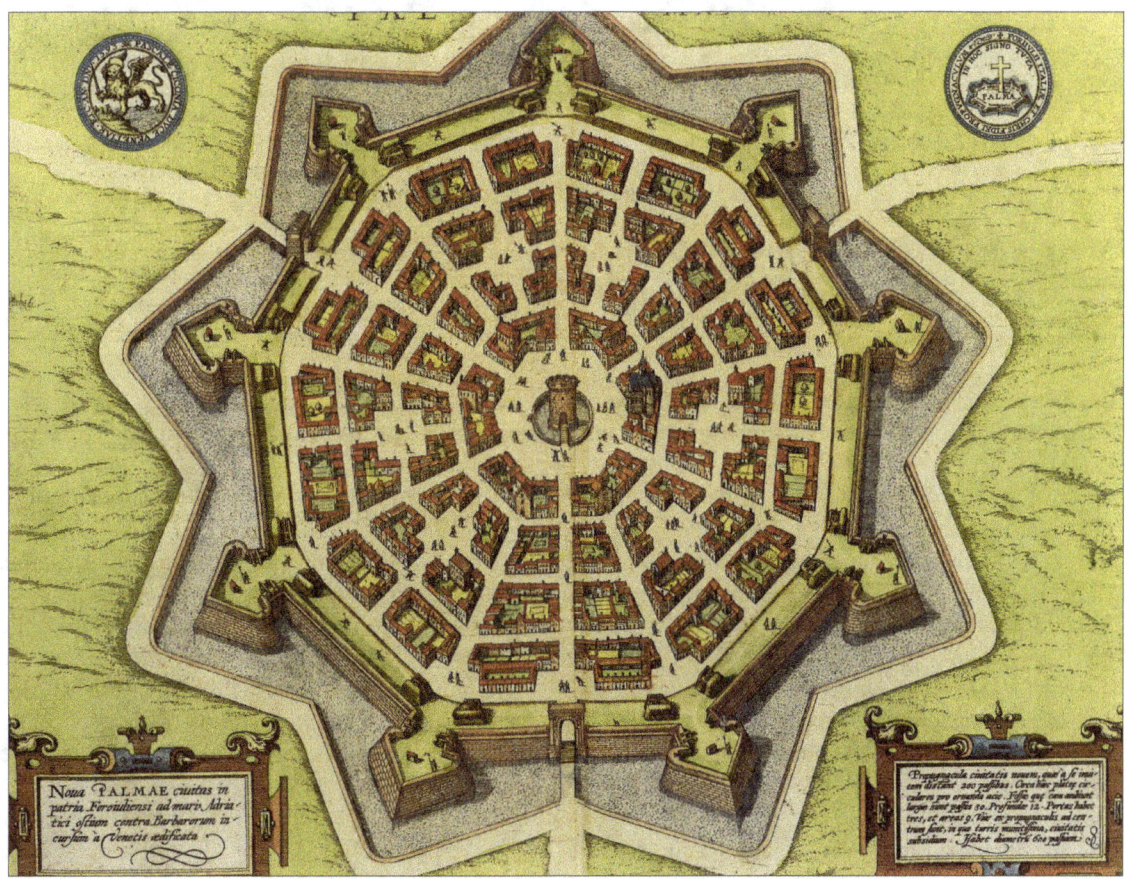

▲ **1806 Legione reale dalmata:** compagnia volteggiatori da sinistra: sergente in gran tenuta, zappatore con berretto da fatica, cornetta, volteggiatore in cappotto e ragazzo di truppa.

1806 Dalmatian Royal Legion. From left: Sergeant, sapeur, cornet, voltigeur in overcoat and soldier-boy...

▶ **Il generale Achille Fontanelli (1775-1837)** in un ritratto dell'Appiani. Ha rivestito anche l'incarico di ministro della guerra del regno Italico. Milano galleria civica d'arte moderna.

General Achille Fontanelli (1775-1837) in a portrait of Appiani. He also covered the post of minister of war of the kingdom of Italy. Milan civic art gallery.

questa nuova invasione italiana. Un esercito di veterani, composto da 80.000 uomini, si scontra col nemico a Vicenza e gli infligge una sonora disfatta. Così cadono immediatamente tutte le città e le roccaforti occupate dagli austriaci.

La corsa di Massena finisce in Carnia, fermata solo dalla pace di Presburgo (Bratislava), stipulata il 25 dicembre 1805, che assegna tutto il Veneto e il Friuli al Regno d'Italia sino all'Isonzo.

Il Regno d'Italia si espande e aumenta anche la sua popolazione, che ora conta quasi sette milioni di anime. Di conseguenza inizia anche la crescita dell'armata italiana grazie alla coscrizione nazionale.

Avendo confini ovviamente sicuri a ovest, e a nord dove fanno buona guardia le Alpi, la preoccupazione dell'imperatore è quella di rendere sicuro il confine orientale del regno ed impartisce al viceré Eugenio di Beauharnais istruzioni per assicurarsi una effettiva vigile guardia alle vallate dell'Isonzo e della zona del Friuli orientale fino a Pontebba e Caporetto. Gli ordini sono eseguiti scrupolosamente e ci si concentra soprattutto sul rafforzamento delle fortezze di Osoppo e Palmanova e sulla creazione di una testa di ponte sul Tagliamento.

Palmanova è rafforzata con nuovi rivellini e opere destinate ad ammodernare la poderosa cittadella murata. Anche il forte di Osoppo è rinforzato con opere di difesa e potenziamento dei magazzini. Questi lavori durano fino al 1809, anno in cui si tenta il posizionamento di una testa di ponte sul Tagliamento, all'altezza della cittadina di Codroipo. Ed è proprio durante questa operazione che precipitano gli eventi.

Napoleone è certo che l'Austria sta affilando le armi per un nuovo conflitto. Chiede quindi al suo maresciallo Marmont, dislocato in Illiria, di ripiegare sul Friuli; contemporaneamente sono allertate e potenziate le guarnigioni dei forti di Palmanova e Osoppo, mentre Beauharnais è invitato dall'Imperatore a portarsi con l'armata d'Italia sulla linea del Piave. Tuttavia il viceré non segue l'indicazione, non volendo cedere senza combattere le pianure del Friuli. Ai primi del 1809 i francesi fanno convogliare reparti che, insieme agli italiani, dovranno contenere e possibilmente sconfiggere l'avversario di sempre.

Lo schieramento franco-italico, ai primi di aprile, è così composto: Divisione Seràs, con tre reggimenti di fanteria di linea, e una brigata di cavalleria leggera nei pressi di Udine, con avanguardie a Cividale. Divisione Broussier, con tre reggimenti di fanteria e artiglieria tra S. Daniele, Osoppo e Majano. Divisione Grènier, con quattro reggimenti di fanteria di Linea e tre reggimenti di cavalleria leggera sul Piave. Divisione Barbou, con tre reggimenti di fanteria e l'artiglieria a Treviso, Cittadella e Bassano. Divisione Lamarque, con due reggimenti di linea di fanteria e la relativa artiglieria a Verona. Gli italiani sono presenti con due divisioni: la 1a Divisione Italiana Severoli: 1° Reggimento, parte del 2° e 7° Reggimento di Linea; il Reggimento Dalmata, parte dei Cacciatori Reali a cavallo, dei Dragoni Napoleone, dell'artiglieria. Truppe rinforzate con il 112° di

Linea francese dislocato nella zona Padova, e spostatosi poi a Sacile. La 2a Divisione Italiana Fontanelli, con il Battaglione Cacciatori d'Istria, il 1° Fanteria Leggera, il 3° e 4° di Linea, parte del 2° Reggimento di Linea più due squadroni di cacciatori a cavallo; artiglieria, treno e genio più arretrati a Montichiari, nel bresciano. Altre due divisioni di dragoni francesi stazionano presso l'Adige, mentre nella capitale del Regno restano a presidio la cavalleria e la fanteria della Guardia Reale Italica. Le posizioni austriache che si contrappongono sono così disposte: il generale Welkmann con il 1° Reggimento di Linea, quattro battaglioni della landwehr, due compagnie volontarie, quattro squadroni di ulani ed una batteria di artiglieria, nella zona di Pontebba; il generale Garassini con due reggimenti di linea, tre battaglioni della landwehr, quattro squadroni di ulani ed una batteria di artiglieria, a Monfalcone; il generale Giulay con sette reggimenti dragoni, un reggimento ussari, sei batterie di artiglieria, nella zona tra Gorizia e Gradisca. L'armata principale è al comando dell'arciduca Giovanni d'Austria con otto reggimenti di linea, due battaglioni di granatieri, quattro battaglioni di cacciatori, due reggimenti di ulani, due reggimenti di ussari, due reggimenti di dragoni, otto batterie di artiglieria a piedi e due di artiglieria a cavallo; e inoltre tutto il necessario per genio, sanità e riserve varie.

Ai primi di aprile, i segnali di prossimo scontro sono molto evidenti e difatti il dieci del mese si aprono le ostilità. L'offensiva è in mano agli austriaci che, forti di un'armata consistente, bande in testa vanno all'attacco e costringono i franco italiani a ripiegare sul Tagliamento. Palmanova rimane isolata e si prepara al primo assedio della sua storia, assedio che obbliga un'intera brigata nemica a stazionare sotto le sue mura per circa un mese senza peraltro riuscire ad espugnare la fortezza. Anche la non completa testa di ponte sul Tagliamento è raggiunta e investita dall'assalto austriaco, piuttosto vivace in questa fase iniziale dell'offensiva. Udine e Cividale del Friuli cadono in mano austriaca. Lo stesso Tagliamento non basta a reggere l'azione dei soldati di Vienna. La ritirata prosegue quindi verso il Livenza, mentre reparti francesi vengono sonoramente sconfitti a Pordenone. Ed è su questa linea del veneto orientale che si ferma l'armata franco-italiana, decisa a vendere cara la pelle.

LA BATTAGLIA DEI CAMOLLI (ANCHE DETTA DI SACILE E DI FONTANAFREDDA) DEL 16 APRILE 1809

Fra Pordenone e Sacile si sistemano le cinque divisioni e la cavalleria agli ordini del viceré. La divisione Severoli è la prima a muoversi in direzione di Porcia. Su questa località muovono il 7° Reggimento Dalmata e parte del 2° di Linea italiano, oltre a reparti francesi, ed è proprio qui che avrà vita lo scontro più importante dell'intera campagna.

Questa la disposizione iniziale delle truppe italiane (35.000 uomini) : all'ala destra le divisioni Seràs e Severoli, agli ordini dello stesso Seràs, su due linee e con il 6° rgt. Cacciatori a cavallo all'altezza della seconda linea; all'ala sinistra la divisione Broussier su tre linee, con il 25° rgt. Cacciatori a cavallo di supporto; alla sinistra di Broussier erano poi i quattro battaglioni e i due cannoni del maggiore Barthier sistematasi vicino a Polcenigo e di fronte a Castel d'Aviano; al centro, infine, la divisione Grenier, appoggiata agli uomini di Broussier, e quella di Barbou, affiancata a Seràs.

In riserva il generale Sahuc, con i resti dei suoi reggimenti di cavalleria leggera, all'incirca cinque squadroni. Il viceré Eugenio si era appostato a Cavolano.

Per la fronte austriaca (40.000 uomini) l'Arciduca Giovanni pone il suo quartier generale a Cordenons, mentre il grosso è schierato, con l'ottavo Corpo, su due linee da Pordenone verso la Comina e, con il 9° Corpo leggermente arretrato, su tre linee tra Pordenone e Cordenons.

Forti reparti di cavalleria si spostano sulla linea Roveredo-Porcia agli ordini del tenente-colonnello Volkmann, mentre altre forze miste di cavalleria e fanteria austriache a sud occupano i villaggi di Porcia, Talponedo e Palse agli ordini del generale Frimont.

Porcia, al centro di questo schieramento è

▲ Ingresso del forte di Osoppo in Friuli.
Entrance to the Osoppo fortress in Friuli.

▶ Ritratto ottocentesco dell'arciduca Giovanni (1782-1859) comandante delle truppe austriache in Italia durante le campagne del Friuli.
18th centruty portrait of the Arch duke Giovanni (1782 - 1859) commander of the Austrian troops in Italy during the campaign in Friuli.

strategicamente importante, perché fa da anello di congiunzione fra i reparti posti a nord e a sud della località. Gli Austriaci ne sono ben consapevoli e pertanto si pongono in difesa attiva, prevenendo l'attacco franco-italiano con un'audace e infruttuosa sortita; è il momento del contrattacco dei franco-italiani, che assaltano le posizioni costringendo il nemico ad una fuga precipitosa su Pordenone.

Qui però, grazie all'animosità del loro comandante, l'arciduca Giovanni, gli austriaci si ricompongono e ritornano indietro con l'intento di recuperare l'appena perduta Porcia. Così i Francesi, da poco entrati in paese, sono attaccati dagli austriaci della Brigata Colloredo proveniente da Rorai Piccolo. Allora il generale Grenier distacca una sua brigata per lanciarla verso quella di Colloredo, che deve ripiegare, ma gli Austriaci si riportano in avanti con le riserve proprie mentre Grenier e Seràs intensificano la loro offensiva. Si giunge quindi ad un feroce corpo a corpo per le strade di Porcia.

L'operazione riesce e stavolta sono le truppe del viceré ad essere sgombrate. Ma presto giungono i rinforzi francesi della divisione Seràs, e Porcia cambia nuovamente di mano! Questo è il destino di Porcia: durante la giornata viene continuamente presa e ripresa dai due contendenti. Il combattimento è molto cruento e a testimoniare la durezza degli scontri si registrano ben tre generali feriti, fra cui il generale divisionale Severoli.

L'Arciduca Giovanni alla fine intuisce le mosse del suo avversario e lancia il 9° Corpo verso Fontanafredda; Broussier è così bloccato nel suo movimento atto a rinforzare l'avanzata del Grenier su Porcia e tutto lo schieramento della sinistra franco-italiana entra in crisi; le truppe del viceré sono ormai sulla difensiva su tutto il fronte, la lotta diventa impari e il numero degli austriaci fa la differenza.

Per evitare un disastro totale Eugenio è a quel punto costretto ad ordinare un ripiegamento generale dei suoi uomini, cosa che avviene in buon ordine dietro al Piave. Una parte della divisione Grenier e il grosso delle truppe di Broussier, con la riserva della cavalleria del generale Sahuc, iniziano una lenta e difficile ritirata in direzione di Sacile, mentre le divisioni di Seràs e Severoli cominciano a ripiegare su Brugnera. Broussier e Grenier, pressati dagli austriaci, si difendono bene, ma giungono logorati a Sacile, subendo la cattura di numerosi prigionieri e segnando di fatto la fine della battaglia e la vittoria austriaca.

La terribile battaglia, detta dei Camolli, che poi prenderà diversi nomi (di Sacile, di Porcia, o di Fontanafredda, poiché il campo di battaglia comprendeva il territorio di almeno sei comuni e della stessa città di Pordenone) lascia un terribile bollettino: Eugenio conta 3.000 morti, 5.000 feriti e 3.500 prigionieri. Sul fronte avversario gli austriaci hanno avuto 3.500 morti, 6.000 feriti e 5.000 prigionieri.

Una vittoria di Pirro per Vienna, ma certamente una sconfitta per i franco-italiani. Furono scavate enormi fosse comuni nelle campagne attorno, tanto che ancor oggi non è raro per i contadini della zona ritrovare fibbie, bottoni e bossoli mentre arano i loro campi.

La ritirata di Eugenio si ferma definitivamente a Verona, dove l'armata riesce a riorganizzarsi nella forma di tre corpi, di cui uno italiano che fa sponda sulla Guardia Reale.

Da Verona inizia il riscatto, agevolato da un'offensiva francese su Vienna dove, di vittoria in vittoria, sta giungendo Napoleone. Ciò costringe gli austriaci a far rientrare l'arciduca Giovanni e molte delle sue truppe per portare soccorso alla madre patria. Per l'armata franco-italiana tutto si fa più semplice. Il primo maggio viene ripresa Vicenza , poi Bassano e Treviso, fino a raggiungere la linea del Piave.

La ritirata e poi rotta degli austriaci è inevitabile, e la corsa della controffensiva franco-italica porta diritto fino a Udine. L'inseguimento degli austriaci continua sulla via Pontebba-Tarvisio. In queste località gli austriaci tentano un' ultima resistenza che da vita ad uno scontro in cui ha modo di mettersi in luce la divisione Fontanelli che, muovendo all'assalto, sfonda le linee del nemico e lo costringe alla fuga.

Lo scontro costa agli italici 500 uomini fra morti e feriti, ma gli austriaci lasciano ben 3.000 uomini fra morti, feriti e prigionieri, oltre a tutta l'artiglieria in mano agli avversari. I franco-italiani dilagano in Carinzia, a sud prendono Gorizia e Trieste. La loro marcia trionfale oltre i confini li porta fin sotto le mura di Vienna a congiungersi con i soldati dell'Imperatore. La successiva pace, firmata nel palazzo reale di Schönbrunn il 14 ottobre, pone termine al conflitto.V

eneto e Friuli ritornano quindi legittimamente sotto il dominio italico.

▲ Guazzo dell'Appiani ritraente il viceré Eugenio di Beauharnais.

Appiani sketch depicting the Viceroy Eugéne de Beauharnais.

▼ I* reggimento fanteria leggera 1812 in combattimento

1st light infantry regiment in the battle.

Reggimenti volontari 1813-14

1- Fuciliere in gran tenuta 2° reggimento 1809
2- Volteggiatore in gran tenuta del 1° reggimento 1813
3- Fuciliere in gran tenuta 1° reggimento 1809
4- Ufficiali dei cacciatori del 1° reggimento
5- Fuciliere in tenuta da campagna del 2° reggimento.

TAVOLA I

Battaglioni e Legione Reale Dalmata 1806-1808

1- Sergente volteggiatori in gran tenuta 1809
2- Vivandiera dell'armata italica 1809
3- Granatiere in gran tenuta 1° battaglione 1807
4- Granatiere in gran tenuta 1° battaglione 1807
5- Tamburo dei fucilieri in gran tenuta 1808
6- Fuciliere in piccola tenuta 2° battaglione 1808.

TAVOLA K

Reggimento Reale Dalmata 1809-1814

1- Carabiniere in gran tenuta 1809
2- Volteggiatore in gran tenuta 1809
3- Carabiniere in piccola tenuta 1812
4- Colonnello a cavallo in gran tenuta 1810
5- Ufficiale portastenadrdo in piccola tenuta 1813.

Guglielmo Aimaretti

TAVOLA L

Battaglione cacciatori d'Istria 1806-1809

1- Sergente dei carabinieri, compagnia d'élite 1808
2- Carabiniere in gran tenuta, compagnia d'élite 1809
3- Cacciatore istriano 1806
4- Caporal tamburo dei Cacciatori 1807
5- Comandante di battaglione 1808.

TAVOLA M

▲ **Il generale Giuseppe Lechi (1766-1836)** meno noto del fratello Teodoro, combatté in tutte le principali campagne napoleoniche. Ritratto di anonimo, Milano museo del Risorgimento.

General Giuseppe Lechi (1766-1836) lesser known than his brother, Theodore He fought in all major Napoleonic campaigns. Anonymus painter. Milano museo del Risorgimento.

◄ **Fante di linea in una stampa coeva francese.**
Private of the Italian line infantry, from a French print.

LA CAMPAGNA DEL FRIULI DEL 1813

Gli austriaci, costretti ad una sorta di vassallaggio, non possono esimersi dal partecipare alla campagna di Russia, che come è noto, finisce in un disastro. La ritirata successiva consente lo smarcamento di tutti i "tedeschi" da questa innaturale e forzosa alleanza. Si ha la grande battaglia di Lipsia e si assiste alla prima pesante sconfitta di Napoleone.

Ovviamente anche l'Italia risente di tutti questi accadimenti e le fatali vallate friulane tornano ad essere percorse dalle colonne armate degli eterni nemici. Ritornano in auge i vecchi concetti strategici, si riaggiusta la linea difensiva già sperimentata nel 1809, si rinforzano le due fortezze principali, Palmanova e Osoppo.

L'Austria entra nuovamente in Italia con un'armata di oltre 100.000 uomini sotto il comando del feldmaresciallo Hiller, il quale ha a sua disposizione ben quarantotto reggimenti di linea, sette reggimenti confinari, cinque battaglioni di granatieri, un battaglione ungherese, undici battaglioni di cacciatori, un battaglione volontari, 25 reggimenti di cavalleria, adeguata artiglieria, reparti di genio e sanità.

Ad agosto, a far fronte a questa imponente macchina da guerra, il principe Eugenio, viceré d'Italia, schiera le sue truppe a difesa. L'armata è così composta:

1° Corpo: generale Grènier con due divisioni: 1a Divisione, generale Quesnel con tre reggimenti e 18 cannoni; 3a Divisione, generale Gratien, con cinque reggimenti e 16 cannoni.

2° Corpo: generale Verdier con due divisioni: 2a Divisione, comandata dallo stesso Verdier, composta da 3 reggimenti e 18 cannoni; 4a Divisione, generale Marcognet composta da 3 reggimenti e 20 cannoni.

3° Corpo Italiano: generale Pino, con due divisioni: 5a Divisione, generale Palombini con il 2° Reggimento Leggero, 1°,2° e 3° Reggimento di Linea, il Reggimento Dalmata più due batterie con 16 cannoni; 6a Divisione, generale Lechi con il Reggimento Veliti della Guardia, il Reggimento Cacciatori della Guardia e il Reggimento della Fanteria della Guardia, il 3° e 4° Reggimento Leggero.

A riserva una piccola divisione di soli 2.500 uomini e la divisione di cavalleria del generale Mermet composta dal 3° e 4° Reggimento Cacciatori a Cavallo italiani, dal Reggimento Italiano Dragoni della Regina e dal 19° Reggimento Cacciatori a Cavallo francese.

In totale un'armata di circa 60.000 uomini, purtroppo quasi tutti reduci dalla campagna di Russia e sostanzialmente stanchi e demotivati dopo tanti anni di combattimento. L'armata franco-italiana, all'inizio del conflitto, è dislocata in prima linea sulla linea Tarvisio-Gorizia-Codroipo-Cividale. A rincalzo, il 3° Corpo di Pino con la 5a Divisione si posiziona davanti a Palmanova. La 6a Divisione italiana è posta di riserva tra Pordenone e S.Vito al Tagliamento e poi inviata a Udine con la cavalleria. Il parco di artiglieria è a Codroipo.

Il nemico inizia l'offensiva in Istria e Dalmazia a sud, e in Carinzia a nord attestandosi su Villach e Klagenfurt. Il viceré, audacemente, decide di non lasciare l'iniziativa in mano agli austriaci e passa risolutamente all'offensiva riuscendo a prendere Villach e persino Lubiana. Tuttavia questi sono i punti estremi in cui si esaurisce l'offensiva franco-italiana, che non ha la forza di portare avanti l'attacco e si ferma nella speranza di ricevere notizie di vittorie da parte di Napoleone. La nuova linea difensiva pare comunque da subito molto difficile da mantenere. Oltretutto gli effettivi, a seguito di queste prime operazioni sono scesi a 50.000, in parte dislocati in territorio nemico. E il nemico non tarda molto a dare il via alla controffensiva e si lancia contro la 5a Divisione italiana del generale Palombini, che il 26 settembre è costretto a ripiegare su Postumia mentre contemporaneamente cadono Lubiana e Trieste. La città giuliana è addirittura conquistata da un corpo austriaco misto a insorti croati e inglesi sbarcati in Istria. La spinta austriaca si fa ora pesante su tutto il fronte e costringe i franco-italiani a ripiegare dietro l'Isonzo. All'inizio di ottobre la linea si sposta a nord nella zona di Gemona e Venzone. Le retrovie e le fortezze continuano ad essere alimentate nella speranza di poter resistere all'offensiva austriaca, che intanto è penetrata dal nuovo fronte trentino-ampezzano con le truppe partite dal Tirolo. Il 17 ottobre Eugenio inizia una nuova manovra di ripiegamento a Udine, Codroipo e Palmanova e il 25 ottobre lascia Udine e si sposta dietro al Tagliamento. Anche Palmanova è lasciata con la sola guarnigione ad occuparsi della propria difesa e tuttavia resisterà per sei mesi all'assedio di una brigata austriaca. Il 28 ottobre Eugenio è a Sacile in attesa di buone notizie, che non arriveranno da Bassano dove il generale Grènier non riesce a contenere gli austriaci che ha di fronte. Il 30 ottobre l'armata italica abbandona il Friuli e il viceré Eugenio raggiunge Verona il 3 novembre. Ora l'esercito si attesta sulla nuova linea dell'Adige con le sole piazzeforti di Osoppo e Palmanova, che resistono fino al 19 aprile 1814, costrette alla resa solo a seguito della firma dell'armistizio di Schiarino. Agli eroici difensori delle fortezze, gli austriaci concedono l'onore delle armi.

▲ **Una delle aquile poste in salvo dal generale Teodoro Lechi** all'atto di resa delle truppe italiane nel 1814. Milano museo del Risorgimento.

One of the eagles saved by the general Teodoro Lechi before the surrender of the Italian Army in 1814. Milan Museum of the Risorgimento.

▲ **Soldati di fanteria del Regno Italico nel 1812. Tavola del Knotel.**
Infantry soldiers of the Kingdom of Italy in 1812. Table of Knotel

62

◀ **2° Reggimento fanteria di linea**
Da sinistra: ufficiale dei voltegiatori, volteggiatore, granatiere e fuciliere.

2nd line infantry. from left: Voltigeur officer, voltigeur, grenadier and fusilier.

◀◀ **2° Reggimento volontari ausiliari di fanteria 1813-1814.** Da sinistra: fuciliere in gran tenuta, zappatore, fuciliere in gran tenuta, in veste, in gran tenuta e in campagna.

2nd Volunteer regiment. From left. Fusilier in high dress, sapeur, fusilier in high dress, in low dress, in high dress and in campaign dress

▶ **Regno Italico 1812 generale**
Italian Kindom General

▲ **1809 fanteria di linea del regno Italico in campagna**
1809 Italian line infantry in campaign

LE TAVOLE UNIFORMOLOGICHE

TAV. A: GUARDIA REALE (1806-1810)
1) Guardia Reale, Battaglione di Granatieri: Tamburino, 1809/10. Questo soggetto è tratto dal regolamento di creazione del corpo e da immagini già studiate da Q.Cenni e da stampe celebrative coeve o di poco posteriori; il berrettone d'orso è qui molto simile all'analogo francese.
2) Guardia Reale, Battaglione di Cacciatori: Ufficiale, 1807/8. Il personaggio, forse fuori servizio visto l'elegante bastone da passeggio, ha anch'egli un imponente berrettone d'orso, giustamente privo di placca frontale, ma con il cordone intrecciato disposto anteriormente da sinistra in alto a destra in basso ed il pennacchio è bicolore come si evince dai Documenti ufficiali dell'Archivio di Stato di Milano, risalenti al 1808.
3) Guardia Reale, Battaglione di Cacciatori: Sottufficiale, 1806/7. Il graduato è raffigurato con indosso un surtout o abito senza risvolti al petto, una seconda tenuta usata principalmente in campagna. Il suo berrettone d'orso mostra due cordoni intrecciati bianchi appaiati, così come due sono i fiocchi apparenti in alto e due sono i fiocchi pendenti lateralmente a destra, caratteristica che è stata ben rilevata dagli studiosi P.Crociani e M.Fiorentino in loro ricerche approfondite su tale soggetto.
4) Guardia Reale, Battaglione di Granatieri: Capitano, 1808/9. Si può notare il colore verde molto scuro dell'uniforme, il berrettone d'orso imponente e arricchito da un pennacchio rosso molto incurvato, forse una "fantasia" dell'ufficiale, e l'assenza della coccarda nazionale come si può osservare in un ritratto di autore ignoto, ma di pregevole fattura, conservato al Musée de l'Armée di Parigi.
5) Granatiere, 1806/7. Questo granatiere osservato da Christian Suhr, detto "il Borghese di Amburgo", e riprodotto nel suo famoso manoscritto, è indicato come "Italenere Grenadiere". Lo studioso A.Pigeard lo identifica come Granatiere della Guardia Reale mentre R.Forthoffer lo considera Granatiere de 1° Reggimento di Fanteria di Linea e J.P.Perconte nei suoi studi lo individua come appartenente al 4° Reggimento di Fanteria di Linea.

TAV. B: GUARDIA REALE, REGGIMENTO VELITI (1812)
1) Guardia Reale, Reggimento Veliti 2° Battaglione: Carabiniere, 1812. Il Velite Carabiniere qui raffigurato, visto di scorcio posteriormente, rivela le caratteristiche uniformologiche particolari a questa specialità come risulta anche dal figurino presente in "Uniformi dei Corpi dell'Armata Italiana e Cisalpina" conservato al "Civico Museo del Risorgimento" di Milano.
2) Guardia Reale, Reggimento Veliti 2° Battaglione: Ufficiale, 1812. La tenuta illustrata esalta la figura di questo giovane ufficiale e conferma il giudizio di sincero apprezzamento espresso da Napoleone a Vienna, nel 1809, quando i Veliti furono di servizio presso l'Imperatore.
3) Guardia Reale, Reggimento Veliti 2° Battaglione: Carabiniere, 1812. In questo figurino possiamo osservare di scorcio anteriormente un altro Carabiniere secondo la tenuta regolamentare in campagna, uso delle ghette nere, come rappresentato nei documenti ufficiali.
4) Guardia Reale, Reggimento Veliti 1° Battaglione: Ufficiale dei Veliti Granatieri, 1812. Anche questo ufficiale superiore è perfettamente conforme ai figurini che si trovano nelle illustrazioni esplicative dei Decreti Ufficiali. Da notare l'uso delle ghette bianche anche per gli ufficiali e il berrettone con cordone intrecciato dorato che cinge posteriormente il copricapo prestigioso di pelo d'orso.
5) Guardia Reale, Reggimento Veliti 1° Battaglione: Granatiere, 1812. Qui il granatiere è visto frontalmente e ci rivela tutte le caratteristiche della sua uniforme d'alta tenuta, come si nota il berrettone ha un unico cordone intrecciato che passa posteriormente da sinistra a destra, come è visibile in molte stampe dell'epoca.
6) Guardia Reale, Reggimento Veliti, 1° Battaglione: Granatiere, 1812. Un altro granatiere, in questo scorcio posteriore, ci fa agevolmente osservare le caratteristiche tipiche dell'uniforme in tenuta di campagna, con ghette nere, ma sprovvisto di zaino, forse per un servizio di guardia alla tenda del Viceré Eugenio.

TAV. C: FANTERIA DI LINEA (1806-1807)

1) 1° Reggimento di Fanteria di Linea: Tamburino delle Compagnie di Centro, 1807. Interessante il colore blu scuro del fondo dell'abito, evidente influenza delle "tetes de colonnes" francesi come rilevato sia da R.Forthoffer, dalle cui collezioni proviene, che da J.P.Perconte nelle sue analisi.

2) 1° Reggimento di Fanteria di Linea: Ufficiale della Compagnia Granatieri, 1806/7. Il personaggio è rappresentato, nel manoscritto detto di Otto di Bade, in surtout (o frac) che curiosamente ha i bottoni argentati mentre le insegne di grado sono dorate.

3) 1° Reggimento di Fanteria di Linea: Zappatore, 1806/7. Una particolarità evidente è il berrettone d'orso, bianco, con la fiamma rossa di considerevoli dimensioni. Nell'immagine del manoscritto detto di Otto di Bade non sono visibili né il colletto né gli eventuali risvolti al petto ed anche il lungo grembiule pare sostenuto solo dal cinturone con giberna ventrale, non regolamentare. Il colletto rosso è così un'attribuzione ipotetica seppur plausibile.

4) 1° Reggimento di Fanteria di Linea: Cornetta delle Compagnie di Volteggiatori, 1807. La stessa fonte, Collezioni di Roger Forthoffer, del Tamburino già riprodotto; anche qui l'abito è blu scuro, con il gallone di funzione particolare, ma è da notare la persistenza dell'uso del cappello bicorno contemporaneamente all'avvento dello shakò.

5) 1° Reggimento di Fanteria di Linea: Granatiere, 1806/7. Anche questo soggetto è tratto dal manoscritto detto di Otto di Bade; l'abito è ancora quello stabilito dai regolamenti del 1801 e 1803 ed il berrettone d'orso è di colore marrone scuro, molto imponente. Sono da notare anche le patte ai paramani dello stesso colore dei paramani.

▲ **Legione Italica in marcia nell'isola d'Elba dove era di stanza (1803-1804).**
Italic infantry legion on march into Elba island. Barrack-place of this regiment (1803-1804).

TAV. D: FANTERIA DI LINEA (1812)
1) 1° Reggimento di Fanteria di Linea: Tamburino dei granatieri in grande uniforme.
2) 1° Reggimento di Fanteria di Linea: Zappatore in grande uniforme.
3-4) 1° Reggimento di Fanteria di Linea: Granatiere a sinistra e volteggiatore a destra in alta uniforme.
5) 1° Reggimento di Fanteria di Linea: Sottotenente dei fucilieri in alta uniforme. Tutti e cinque i personaggi di questa tavola indossano la tenuta descritta nel regolamento del 1812. L'uniforme dell'ufficiale è la più interessante in quanto non vi sono fonti coeve su di essa.

TAV. E: FANTERIA DI LINEA (1806-1812)
1) 4° Reggimento di Fanteria di Linea: Cornetta della Compagnia Volteggiatori, 1812. Sull'abito bianco adottato nel 1808 per tutti i Reggimenti di Fanteria di Linea le cornette dei Volteggiatori, come i tamburini delle Compagnie di Centro e dei Granatieri portavano un gallone a strisce bianche e rosse, a volte rappresentate inclinate, a volte verticali.
2) 2° Reggimento di Fanteria di Linea: Ufficiale delle Compagnie di Centro, 1812. L'uniforme è quella regolamentare, lo shakò è guarnito della coccarda nazionale sormontante la placca a losanga con il numero e la corona e da un "pon-pon" appiattito con gli stessi colori nazionali ma con il rosso sul bordo esterno. Sulla gorgiera argentata era applicata una corona in rilievo dorata che poteva essere quella "Imperiale" o quella "Reale" italica.
3) 3° Reggimento di Fanteria di Linea: Granatiere, 1812. Indossando questa uniforme i Granatieri della Fanteria di Linea italiana cominciarono la Campagna di Russia. Come si può notare le similitudini, a parte il colore dell'abito ed i colori distintivi, con i loro omologhi francesi sono molto evidenti.
4) 2° reggimento fanteria di linea: Fuciliere 1808. I fucilieri non avevano la spada briquet ma solamente il portabaionetta agganciato sul davanti.
5) 6° reggimento fanteria di linea, Volteggiatore 1806. Nel nuovo vestito bianco. Notare il bicorno, copricapo ufficiale prima dell'adozione dello shakò.

TAV. F: FANTERIA LEGGERA (1806-1809)
1) 1° Reggimento di Fanteria di Leggera: Tamburo Maggiore, Berlino dopo il 24 ottobre 1806, nel periodo di transito del reggimento in questa città è osservato da Zimmermann e riprodotto nel suo manoscritto; da notare la guarnizione con ampi galloni ai risvolti al petto, i brandeburghi al gilet e la ricca gallonatura dei pantaloni in passamaneria argento.
2) 1° Reggimento di Fanteria Leggera: Zappatore, osservato in Germania nel 1807/08. Caratteristico il grosso berrettone d'orso di forma tronco-conica con il pennacchio ricadente anteriormente e l'ampio e lungo grembiule di pelle che pare trattenuto in vita solo dal cinturone con giberna ventrale come raffigurato nel manoscritto detto di Otto di Bade.
3) 1° Reggimento di Fanteria Leggera: Capitano, 1807/8. L'uniforme è conforme al regolamento, più interessante è lo shakò con le insegne del grado applicate lateralmente sul fusto come raffigurato nel manoscritto di C.F. Weiland.
4) 1° Reggimento di Fanteria Leggera: Carabiniere, 1808/9. Come per lo zappatore notato in Otto di Bade, questo carabiniere rappresentato da C.F.Weiland è interessante per il colbacco con il pennacchio ricadente frontalmente e anche per il gilet tagliato diritto in basso e con i taschini con apertura superiore.
5) 3° Reggimento di Fanteria Leggera, detto Real Bresciano: Cacciatore delle Compagnie di Centro, 1808/9. Da notare lo shakò ancora sprovvisto dei sottogola metallici e il cordone bianco intrecciato che segue la foggia adottata nei corpi analoghi francesi. Il figurino è ricavato dai Documenti del Ministero della Guerra del 17 febbraio 1808, 17 ottobre 1808 e 16 novembre 1808.

TAV. G: ARTIGLIERIA REGGIMENTALE E ALTRI CORPI (1811-1814)
1) Artiglieria reggimentale di linea: cannoniere in campagna 1809.
2) Artiglieria reggimentale di linea: cannoniere in grande tenuta conforme al regolamento del 1811. Unica curiosa variante l'assenza di visiera nello shakò e il pon-pon a forma di pino
3) Compagnia Franca di Bersaglieri, detti Bersaglieri di Brescia: Cacciatore, 1813/14. Corpo istituito

dal Viceré Eugenio nel 1813, doveva essere composto inizialmente di due battaglioni, ciascuno di due compagnie di 140 uomini, reclutati tra cacciatori di professione, guardie forestali e campestri. In realtà si riuscì a formare una sola compagnia. Il nostro cacciatore è tratto da un disegno del Museo del Risorgimento di Milano che interpreta correttamente il testo ufficiale del Decreto del 30 agosto 1813.
4) 1° reggimento volontari: Granatiere in tenuta di campagna 1813-1814 dalla collezione Darbou e Boisselier.
5) Artiglieria reggimentale di linea: soldato del treno 1811. Notare i pantaloni di pelle e gli stivaloni alla scudiera.

TAV. H: REGGIMENTI GUARDIA DI VENEZIA E DI MILANO (1811-1812)
1) Reggimento Guardia di Venezia: Fuciliere, 1812. Ecco un membro delle quattro compagnie di fucilieri componenti ciascuno dei due battaglioni che costituiscono questo Reggimento la cui sede era Venezia ed il cui reclutamento era a carattere locale.
2) Reggimento Guardia di Venezia: Granatiere, 1812. Questo Granatiere, membro della Compagnia Granatieri, una per ciascuno dei due battaglioni del corpo, non indossa il berrettone tipico della specialità perché tale copricapo non fu mai previsto in dotazione a questa Compagnia.
3) Battaglione Guardia di Milano: Soldato, 1811. L'unità era formata da 6 Compagnie di Fucilieri. S.Ales e L.F.Imperatore descrivono il colletto come "celeste filettato di rosso", ma molte immagini coeve ci mostrano il colletto tutto rosso ed anche Q.Cenni lo rappresenta di questo colore.
4) Reggimento Guardia di Venezia: Ufficiale subalterno, 1812. Un ufficiale, forse fuori servizio vista l'assenza della gorgiera, ma con l'uniforme regolamentare delle compagnie di centro.
5) Reggimento Guardia di Venezia: Volteggiatore, 1812. Anche questo soldato è rappresentativo della sua unità, seguendo nell'uniforme e nell'equipaggiamento quanto stabilito dai regolamenti ufficiali.

TAV. I: REGGIMENTI VOLONTARI (1809-1814)
1) 2° reggimento volontari: Fuciliere in gran tenuta 1809 ricostruzione dell'autore sulla base di un disegno della raccolta di Darbou e Boisselier sotto l'appellativo di: battaglioni di volontari reclutati da Murat...
2) 1° reggimento volontari: Volteggiatore in gran tenuta ricostruzione dell'autore sulla base di un disegno della raccolta Knotel a Rastatt. Si tratta di un soldato del Battaglione Volontari di deposito a Bologna. Curiosamente accessoriato con la vecchia uniforme (non la nuova Habit-veste del 1812). Anche I pantaloni sono a semplice banda anziché doppia come portava invece il modello seguente.
3) 1° reggimento volontari: Fuciliere in gran tenuta immagini ricavata da un disegno del museo del Risorgimento di Milano relativo ad un soldato del battaglione di Bologna. Notare la sobrietà dello shakò senza cordoni e guarnizioni accessorie
4) 1° reggimento volontari: Ufficiale dei Cacciatori in gran tenuta ricostruzione dell'autore dal manoscritto di Berna.
5) 2° reggimento volontari: Fuciliere in tenuta da campagna Immagine ricavata dal manoscritto di Berna. Il fuciliere indossa l'Habit-veste previsto dal regolamento francese del 1812 con polsini quadri senza patte. Risvolti corti e sciabola briquet.

TAV. K: BATTAGLIONI E LEGIONE REALE DALMATA (1806-1808)
1) Sergente dei volteggiatori in gran tenuta 1809 Soldato appartenente alla Legione Dalmata che indossa il tipico cappello a falda alzata senza placca romboidale con pennacchietto giallo riservato ai volteggiatori. Degne di nota le tipiche calzature dalmate dette opanche.
2) Vivandiera dell'armata italica 1809 ricostruzione dell'autore.
3 e 4) 1° Battaglione Dalmata: Granatiere in gran tenuta 1807 immagini ricavate da disegni della raccolta Knotel con uniformi basate sul regolamento del 1807.
5) Tamburo dei fucilieri in gran tenuta 1808 ricostruzione dell'autore di un tamburino appartenente al 2° battaglione, compagnia di centro.
6) 2° Battaglione Dalmata Fuciliere in piccola tenuta ricostruzione dell'autore sui dettami del regolamento del 1807, la presenza dello shakò che andò a sostituire il cappello a falda alzata certifica tuttavia che il soggetto appartiene almeno al 1808.

TAV. L: REGGIMENTO REALE DALMATA (1809-1814)

1) Carabiniere in gran tenuta 1809 nel 1809-1810 le truppe dalmate vennero impegnate nella campagna in Tirolo ed è a questo periodo che fanno riferimento le immagini 1, 2 e 4. Questo specifico carabiniere è tratto da una riproduzione conservata al museo del Risorgimento di Milano.

2) Volteggiatore in gran tenuta 1809 tratto da una riproduzione della collezione Gramont conservata alla biblioteca nazionale di Parigi.

3) Carabiniere in piccola tenuta 1812 con l'appena ricevuto berretto da caserma, questo carabiniere si distingue dagli altri uomini del reggimento per via delle spalline rosse e della dragona bianca con ghianda rossa riservate ai carabinieri.

4) Colonnello a cavallo in gran tenuta 1810, ricostruzione dell'autore tratto da uno schizzo dell'Adam. L'ufficiale si distingue per le falde lunghe all'abito, spalline, galloni allo shakò e filettature in argento. Da notare anche il lungo pennacchio bianco assegnato agli ufficiali superiori.

5) Ufficiale Portastendardo in piccola tenuta 1813, ricostruzione dell'autore su schizzo dell'Adam relativo all'armata d'Italia del 1812. Notare il bicorno indossato dagli ufficiale in piccola tenuta in luogo dello shakò. Sulla bandiera stava la scritta: *" Napoleone Imperatore de francesi Re d'Italia al Reggimento d'Infanteria dalmata".*

TAV. M: BATTAGLIONE CACCIATORI D'ISTRIA (1806-1809)

1) Compagnia d'élite: sergente dei carabinieri 1808 dal gennaio 1808 le truppe istriane ricevono lo shakò che va a sostituire l'austriacante cappello a falda alzata anche detto alla Enrico IV. La circolare indica anche il colore dei cordoni e pompon che devono essere rossi per i carabinieri, verdi per i volteggiatori e bianchi per i fucilieri.

2) Compagnia d'élite: carabiniere in gran tenuta 1809 notare il nodo alla ungherese ai pantaloni altro retaggio pseudo-asburgico di questi reparti di frontiera

3) Compagnia di centro: Cacciatore istriano 1806 tratto dalla collezione Knotel di Rastatt, notare i pantaloni con gli alamari alla ungherese del colore distintivo azzurro-celeste

4) Caporale Tamburo dei cacciatori 1807, indossa gli stessi abiti della truppa e ha come armamento la sabre-briquet qui mostrata con dragona bianca, che in una successiva descrizione del 1809 appare invece verde. Lo stesso tamburo del battaglione è ben descritto nella stessa circolare del 1809: cerchi in legno colorati a losanghe tricolore bianco, rosso e verde. Cilindro in ottone con cordame e tiranti in cuoio bianco. Le due bacchette in legno di mirto.

5) Comandante di battaglione 1808, ricostruzione dell'autore di un ufficiale a cavallo con gualdrappa e coprifonda verde scuro gallonate in argento. Notare il cinturino da ufficiale celeste con filettature argento.

▲ **1808 fanteria guardia velite granatiere e cacciatore, a destra: soldati di fanteria leggera**
1808 Italic infantry of the Guard: Velite, grenadier and chasseur at right soldiers of light infantry.

The Colour Plates

TAB. A: INFANTRY OF ROYAL GUARD (1806-1810)
1) Royal Guard, Grenadier: drummer boy, 1809/10. This subject is taken from the regulation of the creation of the body and from images already studied by Q. Cenni and from contemporary commemorative prints or shortly afterwards; the bearskin beret is very similar to the Anglo-French one.
2) Battalion of the Royal Guard, Light Infantrymen: Officer, 1807/8. This character appears out of service dress due to his stylish walking stick, he also has an impressive bearskin beret, with front plate, but with the interlaced cord falling in from top left to bottom right with plume and bicolour as can be seen from the official documents of the Archivio di Stato di Milano, dating back to 1808.
3) Battalion of the Royal Guard, Light Infantry: NCO, 1806/7. The graduated is depicted wearing a surtout or dress without turnbacks on the chest, a style principally used on campaign. His bearskin beret shows two interwoven cords in white, as are the two upper bows and the two bows on his right side, items which have been well documented by the scholars P. Crociani and M. Fiorentino in their extensive research on this subject.
4) Royal Guard, Grenadier Battalion: Captain, 1808/9. One can see the very dark green colour of the uniform, the imposing bearskin beret enriched by a red curved plume maybe a "fantasy" of the officer, due to the absence of the national Cockade as can be seen in a portrait of an unknown author, but masterful, preserved at the musèe de Armèe of Paris.
5) Grenadier, 1806/7. This grenadier observed by Christian Suhr, said "the Bourgeois of Hamburg", and reproduced in his famous manuscript, is indicated as "Italienere Grenadiere". The scholar A. Pigeard identifies it as a Grenadier of the Royal Guard while R. Forthoffer considers it a Grenadier of the 1st Line Infantry Regiment and J. P. Perconte in his studies, identifies it as belonging to the 4th Line Infantry Regiment.

TAB. B: INFANTRY OF ROYAL GUARD: VELITI REGIMENT (1812)
1) Royal Guard, Regiment Velites 2nd Battalion: Carabineers, 1812. The Carabineers Velite shown, with glimpses of his back, reveals a particular characteristic of this uniform as is also apparent in the figures presented in "Uniforms of the Italian Army Corps and Cisalpine" preserved in the "Civico Museo del Risorgimento" of Milan.
2) Royal Guard, Regiment Velites 2nd Battalion: Officer, 1812. The illustrated uniform of this young officer confirms the sincere appreciation expressed by Napoleon in Vienna, in 1809, when the Velites were of service to the emperor.
3), Royal Guard Regiment Velites 2nd Battalion: Carabineers, 1812. In this figure we can see another Carabineers dressed in regulation uniform for campaign with the use of black gaiters, as represented in official documents.
4) Royal Guard, Regiment Velites 1st Battalion: Officer of the velites Grenadiers, 1812. Also this senior officer conforms with the figures found in the illustrations of official decrees. Note the use of white gaiters even for officers and the beret with gilded braided cord that extends around the bearskin headdress.
5) Royal Guard, Regiment Velites 1st Battalion: Grenadier, 1812. Here the grenadier is seen from the front and reveals all the characteristics of his uniform, note the beret with single braided cord that passes to the back from left to right, as is visible in many contemporary prints.
6) Royal Guard, Velites Regiment, 1st Battalion: Grenadier, 1812. Another grenadier, with glimpses of his back, makes us easily observe the typical features of his campaign uniform, with black gaiters, but devoid of backpack, perhaps in guard service for the Viceroy Eugenio.

TAB. C: LINE INFANTRY (1806-1807)
1) 1st Line Infantry Regiment: drummer boy of the Centre companies, 1807. Interesting is the dark blue apparel, obviously influenced by the French *"Têtes de colonnes"* French as noted by R. Forthoffer, from whose collections these come from and J. P. Perconte in his analysis.

2) 1st Line Infantry Regiment: officer of the company Grenadiers, 1806/7. The character is represented, in the manuscript of Otto of Baden that curiously has silver buttons whilst the insignia is gilded.

3) 1st Line Infantry Regiment: Sapper, 1806/7. A peculiarity is the use of the white bearskin busby, with the red flame of considerable size. In the image of the manuscript of Otto of Baden, the collar, the turnbacks on the chest nor the long apron supported by the belt with vertical cartridge pouch is not visible and not as per regulation. The red collar therefore is a hypothetical assumption although plausible.

4) 1st Line Infantry Regiment: Cornet of the Voltigeurs companies, 1807. The same source, collection of Roger Forthoffer of Tambourine already reproduced. Also here the dress is dark blue with particular braiding, but it is important to note the persistence use of the bicorn hat simultaneously with the shako.

5) 1st Line Infantry Regiment: Grenadier, 1806/7. This subject is also taken from manuscript of Otto of Baden, the dress is still as per the regulations of 1801 and 1803 and the bearskin beret is of a dark brown colour making it very impressive. Also note the ties of the pèaramani which are the same colour as the colour of the cuffs.

TAB. D: LINE INFANTRY (1812)
1) 1st Line Infantry Regiment: Drummer of grenadiers in grand uniform.
2) 1st Infantry Regiment of the Line: Sapper in grand uniform.
3-4) 1st Line Infantry Regiment: Grenadier and voltigeur in grand uniform.
5) 1st Line Infantry Regiment: Lieutenant of the fusilier in grand uniform. All five characters in this table wearing the uniform described in the Regulation of 1812. The officer's uniform is the more interesting because there are no contemporary sources on it.

TAB. E: LINE INFANTRY (1806-1812)
1) 4th Line Infantry Regiment: Cornet of the Voltigeurs Company, 1812. On the white uniforms adopted in 1808 for all line infantry Regiments, the Cornet of the Voltigeurs, like the drummers of the Centre Companies and the Grenadiers had braiding in red and white stripes, sometimes slanted, at other times vertical.

2) 2nd Line Infantry Regiment: officer of the Centre Company, 1812. The uniform is that of regulation with the shako garnished with the national cockaded above whish there was a plaque with the number and Crown and a "pom pom" flattened with the same national colours but with the red on the outside edge. On the silver gorget was applied a golden crown in relief that could be the "Imperial" or the Italic "Royalty" one.

3) 3rd Line Infantry Regiment: Grenadier, 1812. Wearing this uniform, the Grenadiers of the Italian Line Infantry began their campaign in Russia. One can note the similarities with their French counterparts (apart from the colour of the dress and distinctive colours).

4) 2nd Infantry Regiment of the line: Fusilier 1808. The rifleman have'nt the sword-briquet but only the bayonet scabbard on the front.

5) 6th Infantry Regiment of the line, Voltigeur 1806. In the new white dress. Note the cocked hats, headgear official before the shako.

TAB. F: LIGHT INFANTRY (1806-1809)
1) 1st Light Infantry Regiment: drum major, Berlin after 24 October 1806, during the transit of this Regiment in this city, Zimmermann observed and reproduced this in his manuscript. Note the gasket with large braiding on the chest, the brandeburghi waistcoat and rich braiding on the pants in silver.

2) 1st Light Infantry Regiment: Sapper, observed in Germany in 1807/08. Characteristic the bulky conical shaped Turkish styled beret made from bearskin with the plume hanging and the wide and long aprons of skin which are restrained only by the belt with vertical cartridge pouch as depicted in the manuscript of Otto Baden.

3) 1st Light Infantry Regiment: Captain, 1807/8. The uniform conforms to the dress regulations, but more interesting is the shako with the insignia of the rank applied sideways on the stem as depicted in the manuscript of C.F. Weiland.

4) 1st Light Infantry Regiment: Carabineers, 1808/9. As for Digger/sapper, noted in Otto of Baden, this

carabineer represented by C. F. Weiland is interesting due to the bearskin busby with the plume hanging from the front and also the cut of the gilet (cut right to the bottom) with two pockets with openings on top.
5) 3rd Light Infantry Regiment, Real Bresciano: light infantry of the companies, 1808/9. Note the shako yet devoid of the metallic chin strap and the white braided cord that follows the shape adopted by other French in corps. The figure is derived from the Documents of the Ministry of War on February-October, 1808.

TAB. G: REGIMENTAL ARTILLERY AND OTHER (1811-14)
1) Artillery regimental line: gunner in campaign 1809.
2) Artillery regimental line: gunner in grand uniform in accordance with the Regulation of 1811. A curious variant is the absence of shako visor and the pompom-shaped pine.
3) Company Franca of Bersaglieri, called Bersaglieri of Brescia: Light Infantrymen, 1813/14. A Corp. established by Vicere Eugene in 1813, it was to be composed initially of two battalions, each divided into two companies of 140 men, recruited among professional hunters, foresters and land wardens. In reality, they managed to form only a single company. Our light infantryman is reproduced from a drawing of the Museum of Risorgimentodi Milan that correctly interprets the official text of the Decree of 30 August 1813.
4) 1st regiment volunteers: Grenadier in campaign dress 1813-1814. from the collection and Darbou Boisselier.
5) Artillery regimental line: soldier of the train 1811. Note the leather pants and large and higher boots.

TAV. H: VENICE AND MILAN GUARD REGIMENTS (1811-1812)
1) Regiment Guard of Venice: Rifleman, 1812. Here is a member of the fourth company of riflemen comprising each of two battalions that constituted this Regiment whose head was in Venice and whose recruitment was local.
1) Regiment Guard of Venice: Grenadier, 1812. This Grenadier, a member of the Company of Grenadiers, one for each of the two battalions of the corp., does not wear the typical beret because this headdress was never allocated to this company.
3) Battalion Guardia di Milano: Soldier, 1811. The unit consisted of 6 rifle companies. S. Ales and L. F. Imperatore describe the collar as "celestial threaded with red", but many contemporary images show the collar all in red and also Q. Cenni represents it in this colour.
4) Regiment Guard of Venice: a junior officer, 1812. An officer, perhaps in out of service dress regulations due to the absence of the gorget, but in regulatory uniform of the Centre Company.
5) Regiment Guard of Venice: Voltigeur, 1812. Also this soldier is representative of his unit, as his uniform and equipment forms part of the official regulations.

TAV. I: VOLUNTEER REGIMENTS (1809-1814)
1-2nd Volunteers Regiment: Rifleman in grand uniform 1809 reconstruction by the author based on a drawing from the collection of Darbou and Boisselier with the battalion of volunteers recruited by Murat.
2-1st Voltigeur volunteers Regiment in grand uniform reconstructed by the author based on the drawings from the collection of Knotel and Rastatt. This is a Volunteer Battalion soldier based in Bologna. Curiously he has older style equipment (not the new Habit-dress of 1812). Also the pants are a simple band rather than double as worn by the figure in the next illustration.
3-1st Regiment volunteers: Rifleman in grand uniform, an image obtained from a drawing of the Museum of the Risorgimento in Milano showing a soldier of the battalion based in Bologna. Note the sobriety of the shako without seams and cords.
4-1st Regiment volunteers: officer of the light infantrymen, in grand uniform reconstructed by the author from a manuscript of Bern.
5-2nd Regiment volunteers: Rifleman in campaign uniform held by campaign. Image taken from the manuscript of Bern. The Rifleman wears the French regulation habit-dress of 1812 with squared cuffs paintings without ties, short lapels and briquette sabre.

TAV. K: BATTALIONS AND LEGION OF THE ROYAL DALMATIAN (1806-1808)

1-Voltigeurs Sergeant in grand uniform of 1809. The soldier belongs to the Dalmatian Legion wearing the typical pitched hat without rhomboidal plate with yellow plume reserved for the Voltigeurs. Note the typical Dalmatian footwear.

2-Vivandiera of Italian army 1809 reconstruction by the author.

3 and 4-1st Battalion Dalmatian: Grenadier in grand uniform 1807 images obtained from drawings from the collection of Knotel with uniform based on the regulation of 1807.

5-Drummer of the riflemen in grand uniform of 1808 reconstruction by the author of a drummer belonging to the 2nd Battalion, company of the Centre.

6- 2° Dalmatian Battalion Rifleman in dress reconstructed by the author based on the 1807 regulations, note the use of the shako which was used to replace the pitched headdress confirming that the subject is at least in the 1808s.

TAV. L: ROYAL DALMATIAN REGIMENT (1809-1814)

1-Carabiniere in grand uniform of 1809, between 1809 - 1810, the Dalmatian troops were involved in the campaign in Tyrol and it is during this period that images 1, 2 and 4 refer to. This specific carabiniere is based on the reproduction preserved in the Museo del Risorgimento in Milano.

2- Voltigeur in grand uniform of 1809 based on a reproduction of the collection of Gramont preserved at the National Library of Paris.

3-Carabiniere in 1812 uniform, with barrack's headdress. This carabiniere is distinguished from the other men of the regiment due to the epaulettes (red and white) with white sabre knot and red acorn reserved for the Carabineers.

4-Colonel on horse in grand uniform of 1810, reconstructed by the author based on a sketch by Adam. The officer is distinguished due to his long flaps of the coat, epaulettes, braiding of the shako and silver braiding. Note also his long white plume assigned to senior officers.

5-Official Standard-bearer in 1813 uniform, reconstructed by the author based on a sketch by Adam on the army of Italy of 1812. Note the bicorn worn by officer instead of the shako. On the flag there is the inscription: "Emperor Napoleon French king of Italy to the Regiment Dalmatian Infantry".

TAV. M: BATTALION LIGHT INFANTRYMEN OF ISTRIA (1806-1809)

1- Elite Company: Sergeant Carabineer 1808. From January 1808, the Istrian troops received the shako, which replaced the slanted Austrian hat also said to Henry IV. The circular piece and the colour of the cords and pomp pomps must be red for the Carabineer, green for the Voltigeurs and white for riflemen.

2-Elite Company: carabineer in grand uniform of 1809. Note the Hungarian knot on the pants which is another legacy of the pseudo-Hapsburg.

3-Center Company: light infantrymen Istrian of 1806 based on the collection of Knotel of Rastatt collection of Rastatt. Note the pants with frogging in the Hungarian style in a sky blue colour.

4-Light Infantryman Corporal Drummer 1807, wears the same clothes as the troops ranks and has as armament the sabre-briquette shown here with a white sabre knot that in later description of 1809 appears green instead. The same battalion drum is well described in the same circular of 1809: coloured wood in lozenges patterns, tricolored white, red and green. Brass cylinder with cords and ropes in white leather The two drumsticks in Myrtle wood.

5-Commander of battalion 1808, reconstruction of the author of an officer on horseback with tapir and saddlecloth in dark green and braided in silver. Note the belt of the officer in a sky blue colour with silver braiding.

BIBLIOGRAFIA ESSENZIALE:

LIBRI IN ITALIANO

- Cronaca di Modena dell'Abate Rovatti Modena 1796-1801.
- Esercito e società nell'Italia napoleonica . Franco della Peruta, Milano 1988.
- Sulla milizia Cisalpina Italiana di Alessandro Zanoli, Milano 1845.
- Il Tricolore Italiano di Enrico Ghisi, Milano 1931.
- Storia delle armi italiane dal 1796 al 1814 di Felice Turotti, Milano 1855.
- Fasti e vicende di guerra dei popoli italiani dal 1801 al 1815. Cesare De Laugier, 1829.
- L'esercito del regno Italico di S.Ales, Intergest 1974.
- Napoleone in Italia soldati e uniformi. Rivista militare europea , Roma 1987.
- Uniformi degli stati italiani dell'Ottocento di L.F.Imperatore, Rusconi 1982.
- Esercito e società nell'Italia napoleonica, Electa 1989.
- Bicentenario del tricolore nazionale, Imola 1997.
- La fanteria della Guardia reale Italiana di Napoleone Bonaparte 1805-14, Ed. Ibis Udine
- Truppe napoleoniche italiane. Del Prado (Osprey) 1999.
- Le campagne del Friuli 1809-1813. Da Eserciti e Armi, Interconair Genova 1978.
- Atlante militare di napoleone Bonaparte di L.Giovannini, Firenze 1842.
- Gli eserciti Italiani. Istituto geografico De Agostini. Rivista Militare Roma 1984.
- I soldati del primo tricolore italiano di Valerio Gibellini. Rivista Militare, Roma 1989.
- Armi e uniformi di tutti i tempi di tutti i paesi.Vol. 3 di V.Melegari, GOGED 1980.
- La Guardia di Napoleone re d'Italia di E.Pigni. Vita e pensiero 2001.
- La Guardia reale Italiana nei tempi napoleonici di V.Adami, Milano 1929.
- Concisi ricordi di un soldato napoleonico italiano di C. De Laugier, Einaudi 1942.
- Il Generale Conte Teodoro Lechi 1778-1866 di F.Lechi, Brescia 1933.
- L'Italia di napoleone dalla Cisalpina al Regno di Carlo Zaghi, Utet 1986.
- I cannoni al Sempione - Milano e la "Grande nation" F.Motta editore, Milano 1986.
- La cavalleria di linea italica 1796-1814 Galliani, Parisini, Rocchiero , Interconair 1970.
- Gli italiani nelle armate napoleoniche di A.Bollati, Bologna 1938.
- Fasti e divise degli eserciti italiani di Napoleone di A.Degai in esercito e nazione 1932.
- Compendio della storia militare italiana dal 1792 al 1815 di A.Lissoni, Torino 1844.
- Storia delle armi italiane dal 1796 al 1814 di F.Turotti Milano 1856.
- Storia militare del Risorgimento di P.Pieri, Einaudi 1962.
- Quadro delle milizie italiche che guerreggiarono sotto Napoleone di N.Brancaccio, 1909.
- L'attitudine militare degli Italiani secondo napoleone I di R.ragioni, 1909.
- Il battaglione volontari bersaglieri del 1813 di R.Fantuzzi ,1910.
- Le nostre glorie guerriere: cavalieri italiani in Russia 1812. Di G.Rinaldi, 1932.
- Gli italiani in Russia nel 1812 di G.Capello, 1912.
- Episodi della guerra combattuta dagli italiani in Spagna di A.Lissoni
- Storia delle campagne e degli assedi degli italiani in Spagna. C.Cavani, Milano 1823.
- Gli italiani nella guerra di Russia 1812 di G.Guerrini, Milano 1913.
- Gli italiani in Germania nel 1813 di G.Guerrini, Milano 1913.
- Gli italiani in Illiria e nella Venezia nel 1813-14 di G.Guerrini, Milano 1913.
- Vite dei primari generali ed uff. italiani, nelle Guerre napoleoniche. Di G.Lombroso, 1843.
- Il capitano Ugo Foscolo su Storia illustrata del 1958 numero 08.
- Partire partirò, partir bisogna. Firenze e la toscana nelle campagne nap. vari autori 2009.
- Il museo del risorgimento di Milano. Rivista militare 1987.
- La fortezza veneziana di Palma la Nuova. Di P. Marchesi, Chiandetti editore 1986.

LIBRI IN INGLESE

- Napoleon's Balkan Troops. Osprey 2004.
- Napoleon's Italian Army in Tradition GB di P.Crociani e M.Brandani.
- Uniforms of Napoleon's Russian campaign di P.Haythorntwaite, Arms & Armour 1995.
- Uniforms of the peninsular wars 1807-1814 di P.Haythorntwaite, Arms & Armour 1978.

LIBRI IN FRANCESE

- Rivista francese Tradition anni 1999-2000 con articoli di P.Crociani e M.Fiorentino.
- Borodino The Moskova di F.Hourtoulle, Histoire & collections , Paris 2000.
- Wagram l'apogèe de l'empire di F.Hourtoulle, Histoire & collections , Paris 2002.
- L'uniforme et les armes des soldats du premier empire vol. 2, L. & F.Funken, Casterman
- L'infanterie de ligne italienne 1799-1814 Tome I (1799-1809) Ed. Perconte 2007.
- Les Dalmates et les istriens au service italien 1806-1814 Ed. Perconte 2007.
- Les Chasseurs à cheval italien 1800-1814. Ed. Perconte 2007.
- Campagne de Russie 1812: d'après le journal illustré d'un témoin oculaire di C.W.von Faber.

▲ Mappa coeva dell'Impero francese e del regno Italico.
Contemporary print of French empire and United Kingdom.

▲ **Battaglione Reale d'Istria.** Compagnie d'elitè da sinistra: zappatore, volteggiatore in cappotto e ufficiale porta stendardo
Royal Istrian battalion. From left: Elite company sapeur, voltigeur in coat and officer standard-bearer.

TITOLI PUBBLICATI - ALREADY PUBLISHING

WWW.SOLDIERSHOP.COM

www.ingramcontent.com/pod-product-compliance
Lightning Source LLC
LaVergne TN
LVHW081546070526
838199LV00057B/3794